Blwyddyn Fawr
Glyn Wise

Golygydd **Beca Brown**

Argraffiad cyntaf: 2007

Rhif Llyfr Safonol Rhyngwladol:
1-84527-103-3
978-1-84527-103-9

Mae'r cyhoeddwyr yn cydnabod cefnogaethariannol
Cyngor Llyfrau Cymru

Cynllun clawr a dylunio tu mewn: Tanwen Haf
Adran Ddylunio, Cyngor Llyfrau Cymru

Argraffwyd a chyhoeddwyd gan Wasg Carreg Gwalch,
12 Iard yr Orsaf, Llanrwst, Dyffryn Conwy, LL26 0EH.
Ffôn: 01492 642031 Ffacs: 01492 641502
e-bost: llyfrau@carreg-gwalch.co.uk
lle ar y we: www.carreg-gwalch.co.uk

Hoffwn gyflwyno'r llyfr yma i bawb wnaeth fwynhau fy ngwylio i ar **Big Brother**, ac i fy nheulu, fy ffrindiau a fy ffans. Dyma fy ffordd i o roi rhywbeth yn ôl, a diolch i'r holl bobol wnaeth fy nghefnogi drwy gydol y flwyddyn od a hapus sydd wedi dilyn fy ngyfnod yn nhŷ'r Brawd Mawr.

Glyn Wise,
Mai 2007

Diolchiadau

Yn gyntaf, hoffwn ddiolch i Mam a Dad a'r teulu am fynd â fi i Manceinion – heb eu help ar y siwrnai honno, fyddai fy mreuddwydion ddim wedi dod yn wir. Diolch byth fod Big Brother wedi fy newis i fynd ar y sioe neu mi fuaswn yn y coleg yn byw bywyd 'normal' rŵan! Diolch i Annette, fy chwaer am ei holl waith ar BBLB a fy ffrindiau yn y Blaenau am fy hybu a fy nghefnogi ar hyd y sioe. Diolch hefyd i bawb a bleidleisiodd drosof drwy gydol yr amser roeddwn yn y Tŷ oherwydd heb y pleidleisiau hynny, fyddwn i ddim wedi dod yn ail. Yn ogystal â hynny, hoffwn ddiolch i fy chaperone am fy nghadw'n hapus yng ngwlad Belg ac am lwyddo i 'nghadw rhag cael panic drwg drwy gydol y diwrnod hir, hunllefus hwnnw ar Fai 18fed.

Yn ail, hoffwn ddiolch i bawb fu'n gefn i mi drwy gydol yr amser ar ôl i mi ddod allan o'r Tŷ, ac am gadw fy nhraed ar y ddaear. Diolch i fy tour managers am fy helpu i fynd o un lle i'r llall ac am aros efo fi a 'nghadw fi'n hapus pan oedd pobl yn troi yn fy erbyn. Diolch i Emma fy asiant am fy nghadw ar y llwybr cywir ac am bob cyngor ynglŷn â chadw fy mhroffeil yn lân ar ôl dod allan o'r Tŷ.

Hoffwn hefyd ddiolch i C2 Radio Cymru am roi cyfle i mi fel DJ – sydd wedi bod yn uchelgais gen i erioed. Diolch i Siân Alaw am yr HOLL bethau mae hi'n ei wneud – nid yn unig yn cynhyrchu'r rhaglenni, ond yn rhoi trefn ar fy mywyd a fy nghadw yn fy lle . . . ac ati, ha, ha! Diolch i Daf Du a Magi Dodd – mae'n bleser cael gweithio gyda chi. Diolch i'r holl dîm yn C2 – Robin, Sioned, Mair, Huw am fod yn griw gwych i weithio efo nhw. Diolch i bawb yn y BBC, HTV, S4C a Channel 4 y cefais i'r pleser o gydweithio efo nhw. Fedra i ddim enwi pawb – ond diolch am bopeth!

Diolch hefyd i Beca Brown a Myrddin ap Dafydd am gael y cyfle i wneud y llyfr hwn. Dyma rywbeth arall dwi wedi dyheu am gael ei wneud erioed. Mae'n rhywbeth efo gafael ynddo fo i'w gadw ar ddiwedd blwyddyn anhygoel. Rwy'n siŵr bod blynyddoedd difyr eraill o 'mlaen i ac y bydd angen am wneud llyfr arall ymhen dim. Felly dwi'n edrych ymlaen at gael cydweithio efo chi eto yn fuan – ha, ha!

Diolch i bawb sydd wedi fy helpu yn fy mywyd. Yn yr ysgol, y capel, mewn bywyd bob dydd cyn Big Brother, mi gefais lawer o gymorth wnaeth fy rhoi ar ben y ffordd cyn dod yn enwog. Diolch!

Yn fwy na dim, hoffwn ddiolch i'r ffans, gan gynnwys pobol glyn-wise.co.uk – hebddach chi, faswn i'n ddim. Diolch am gefnogaeth yn y Tŷ ac ar ôl hynny – dach chi wedi bod yn anhygoel!
Hwyl!

Glyn Wise, Mai 2007

Cydnabyddiaeth

Dymuna Glyn, Beca a'r cyhoeddwyr gydnabod yn ddiolchgar ddefnydd o luniau/ toriadau gan y canlynol:

Criw Big Brother, yn cynnwys Nikki, Lea, Richard, Imogen, Grace a Mikey

Ysgol Dyffryn Conwy; S4C; Lona Hughes a Mary Hughes

Y wasg Gymraeg: Golwg, Y Cymro, Yr Herald Cymraeg, papurau bro Y Pentan a Llafar Bro

Y wasg yn gyfredinol: Daily Post, Cambrian News

Cynnwys

Rhagair

Mae gen i gyfaddefiad i'w wneud: pan eisteddais i lawr i wylio noson lawnsio Big Brother 2006, mi nes i grinjio braidd wrth weld Glyn Wise yn rhedeg trwy'r dorf ac i mewn i'r Tŷ. Roedd ei groen gwyn yn sgleinio dan y goleuadau, ei wallt tonnog yn bownsio mynd, a'i shorts coch yn cyhwfan yn y gwynt. Roedd hi'n amlwg o'i acen mai Cymro o ogledd Cymru oedd o, ac roedd ei gyflwyniad fideo yn darlunio weiran gaws o hogyn ifanc ar delerau da iawn efo fo'i hun. Be neith hwn ohoni ar raglen fel Big Brother, feddyliais i, a sut argraff fydd y cradur yn ei roi ohonan ni Gymry?

Wel, wrth ddal ati i wylio'r gyfres, doedd dim rhaid imi boeni ar y naill gownt na'r llall. Yn groes i'r portread a gafwyd ohono yn y fideo gyntaf yna, daeth hi'n amlwg yn ddigon buan bod Glyn yn hogyn annwyl, cyfeillgar, doniol a chwbwl naturiol, a bod ei apêl yn eang ac yn fawr. Roedd hi hefyd yn amlwg ei fod yn Gymro i'r carn, a doedd o ddim yn ofni codi trafodaeth yn y Tŷ am yr iaith Gymraeg a sefyllfa regus ei ddiwylliant cynhenid.

Roeddwn i'n ymwelydd cyson â'r fforymau trafod iaith Saesneg sydd yn denu gwylwyr rhaglenni realaeth fel Big Brother, ac yn ystod haf 2006, roedd y neges-fyrddau rheiny – sydd fel arfer yn trafod materion o bwys mawr fel pwy ydi'r delaf ar y rhaglen – yn llawn dadleuon tanbaid am fewnfudwyr, tai haf, a dwyieithrwydd. Dyma'r effaith gafodd Glyn, ac yn sgil ei sgyrsiau Cymraeg gydag Imogen Thomas, daeth yr iaith Gymraeg i sylw pobol nad oedd yn gwybod am ei bodolaeth.

Fe'n swynwyd gan naturioldeb Glyn, ond a oes modd i unrhyw un ddal gafael ar y diniweidrwydd yna wrth gamu o dŷ Big Brother, ac i sylw'r wasg a'r cyhoedd? Dwi wedi treulio dipyn o amser efo Glyn wrth wneud y cyfweliadau ar gyfer y llyfr yma, ac mi fedra'i sicrhau ei ffans nad ydi'r profiad wedi mynd i'w ben o. Ydi, mae o'n mwynhau'r sylw – yn enwedig gan ferched – ond pa hogyn ifanc fyddai ddim yn gwironi ar y ffasiwn gyfle i ddenu genod? Mae o wedi aeddfedu ers gadael y Tŷ, ond mae'r Glyn annwyl, bachgennaidd sydd yn agor ei geg heb feddwl ac yn mynd yn flin pan mae o'n llwglyd yn dal ar dir y byw, ac mae bod gymaint yn ei gwmni dros yr wythnosau diwethaf wedi bod yn andros o donic.

Mae yna rywbeth reit unigryw am Glyn Wise. Wrth wrando arno'n disgrifio'r cyfweliadau a chlyweliadau hirfaith a didostur a ddaeth i'w ran cyn cael mynediad i'r Tŷ, dwi'n rhyfeddu bod hogyn mor ifanc wedi medru goroesi hynny, heb sôn am bron i dri mis dan amodau caeth Big Brother. O dan y diniweidrwydd mae yna fachgen penderfynol iawn, sydd yn meddu ar ethig gwaith cryf, a gweledigaeth bendant o'r hyn mae o ei isho mewn bywyd. Ond yr hyn sydd wedi fy nharo i fwya' amdano ydi'r ffaith ei fod o'n hapus yn ei groen i hun, a beth bynnag fydd yr hen fyd yma'n ei daflu ato fo, mi fydd Glyn yn gweld cyfle ac yn gwneud y gorau o bethau.

Pob lwc i ti Glyn, a diolch am fod yn chdi dy hun!

Beca Brown

Y ffeinal
Here I go again on my own . . .

Davina McCall 'Why is being Welsh so important to you?'
Glyn Wise 'Because itıs important that we keep our language...so speak Welsh everytime...Cymry Cymraeg, cariwch mlaen fel ydach chi...Cymdeithas yr Iaith cariwch chi ymlaen hefyd!
Davina McCall 'Rwyt ti wedi bod yn housemate gwych...mae dy wallt yn drewi...dyma dy 'best bits!

'O'n i'n gwbod mai Pete oedd yn mynd i ennill rîli . . . achos roeddan ni di cael y dasg gwobrwyo yn y Tŷ y noson gynt, a fo ennillodd lot o'r gwobra yn fanno, ac roedd na fwy o bobol yn Lloegr fydda'n medru pleidleisio iddo fo nag oedd na yng Nghymru i fi . . . ond ar y llaw arall mi oedd 'na rhyw lygedyn o obaith gen i hefyd, reit tan y diwedd.

Pan oedd pawb wedi mynd heblaw amdana fi a Pete, roeddan ni'n ista efo'n gilydd ac oedd o'n deud 'It's you, mate', ac o'n i'n deud 'No, it's you!', ac o'n i'n meddwl mod i di clwad pobol yn gweiddi ei enw fo tu allan . . . a wedyn dyma Davina yn deud 'Pete!', ac o'n i'n gwbod wedyn mod i wedi dod yn ail . . . ond mi ddudish i 'Da iawn chdi' a ballu wrth Pete, a wedyn roedd rhaid imi fynd allan i wynebu'r dorf.

Nes i ond canu 'Here I Go Again On My Own' achos mod i mor nerfus a ddim yn gwbod be i neud . . . o'n i'm yn gwbod os o'n i isho crio ta be . . . a wedyn roedd rhaid i fi witshad i'r drysa 'na agor, yn poeni mod i'n mynd i gael fy bw-io . . . a doedd gen i ddim syniad be oedd yn digwydd nesa rîli – o'n i'n meddwl bo chdi'n dod allan, cael dy gyfweliad efo Davina, a mynd adra!

O'n i'n sefyll yna yn meddwl 'Waw! Be sy'n digwydd? Mae'r byd tu allan jyst yr ochr draw i'r drws i 'ma. Mewn dau eiliad rŵan, mi gei di weld y byd nad wyt ti wedi'i weld ers tri mis a diwrnod'. A dyma'r drysau'n agor . . . Roedd fy llygaid i'n popio, yn chwilio am ddreigiau cochion yn y dorf . . . Roedd pawb yn sgrechian a goleuadau'n fflachio . . . A deud y gwir roedd o i gyd fel un fflach enfawr yn dy wyneb di – fel tasa mellten fwya'r storm yn dy daro di yn dy dalcen. Ro'n i'n teimlo'r rysh anfarth yma o

> Nath hi siarad rhywfaint o Gymraeg efo fi, er nes im dallt lot ohono fo! Dim ond 'Dyma dy 'best bits"

"Mae o wedi cyflawni be' oedd o eisio ei wneud drwy fynd i'r tŷ ..."

Golwg, 24 Awst 2006

adrenalin wrth ddod i lawr y grisiau. Mi welais i faner Cymru a dyma fi amdani a'i chodi hi uwch fy mhen. 'Dwi am wneud hyn dros Gymru', a wedyn dyma fi'n meddwl 'Dwi'n mynd i fod yn siarad efo Davina McCall, y selebriti, yn y munud. Waw!' Ac roedd y paparazzi yn tynnu lluniau. Mi es i am y ffans ac ysgwyd llaw efo rhai ohonyn nhw – mi ysgwydais law efo fy chwaer ond wnes i ddim gweld pwy oedd hi, jyst symud ymlaen i'r nesa. Roedd hi'n anodd anadlu. Roedd o jyst yn wych.

O'n i reit hapus efo sut ath petha efo Davina ... ma hi'n gneud i chdi deimlo'n relaxed, a ma ganddi ei ffefrynna, a dwi'n meddwl mod i'n un ohonyn nhw. Nath hi siarad rhywfaint o Gymraeg efo fi, er nes i'm dallt lot ohono fo! Dim ond 'Dyma dy 'best bits'' rîli!

Ar ol gorffen efo Davina dyma fi'n mynd yn syth i Big Brother's Big Mouth, ac o'n i jyst isho crio ... o'n i isho mynd o'na ... o'n i efo'r holl bobol enwog yma, ac o'n i heb weld pobol ers tri mis a hanner ... ac oedd Russell Brand yn scary! ... ac o'n i jyst isho gweld Mam a Dad, a chwiorydd fi ... a pan ges i'r llythyr gan Rhodri Morgan o'n i isho crio, ond nes i fedru dal o fewn ... Nes i droi at Grace a deud 'I don't want to be here ... '

A wedyn dyma fi'n goro mynd i weld y seicolegydd, ac roedd o'n dangos

yr holl betha oedd di bod yn y wasg amdana fi ... Sex on the mountain ... Glyn was bullied ... O'n i'm yn gwbod be i deimlo ... Ond ddudodd o bod gennai ddim byd i boeni amdano fo, bod na ddim byd drwg ofnadwy yn y wasg, a bod na lot o stwff da ... O'n i ar high ... ac es i fewn i gynhadledd y wasg efo Pete ac Aisleyne, ac oedd cwestiynna fi i gyd yn Gymraeg! Ac oedd neb yn deall dim byd! Nes i gwrdd BB Aled ... boi neis iawn, a nath o roi fflag Cymru i fi. Aeth o'n rîli da, neb yn deud dim byd hyll ... Wedyn es i gwrdd a Dermot O'Leary, a'r bobol wahanol odd yn neud llais Big Brother, a nes i holi 'Which one of you is the angry man?' achos oedd na un bob tro yn flin ac yn rhoi row inni!

Wedyn ges i weld rhai o'r lleill ... Jennie ... Nikki ... Richard a'i ffrindia ... wedyn chwiorydd fi a Mam - roedd Dad di goro aros yn y chalet ar y Big Brother complex efo Dylan, babi fy chwaer – a pan es i nol i'r chalet roedd y paparazzi yn dilyn n ac o'n i'n goro gafal yn llaw fy chwaer a rhedeg efo tywel dros fy mhen, a wedyn rhedeg mewn i'r chalet a cloi'r drws! Dim ond un gwely dwbwl oedd na, a ddaru Mam, chwiorydd fi a Dylan i gyd gysgu yn y gwely dwbwl, nes i gysgu ar y soffa a Dad ar y llawr Roedd gennon ni ddau chalet, ond roeddan ni isho aros efo'n gilydd. O'n i jyst isho rhedeg fyny a lawr y grisia, achos do'n i'm di gweld grisia ers tri mis ... roedd o mor ecseiting cael sbio yn y drych gan wbod bod na ddim camera tu ol iddo fo ... oedd o'r bizarre ... a ddaru'r babi grio yn nos, ac o'n i'n meddwl mai larwm Big

golwg | Awst 24 | 2006

big brother 2006

Blaenau a'r Brawd Mawr

Fe dreuliodd Ifan Morgan Jones nos Wener ola' Big Brother ym Mlaenau Ffestiniog,

" ... a rhwng bob dim oedd pawb yn trio'i ddeud, be' ddoth allan oedd fi yn deud 'Dad, I'm not a virgin!' a fo'n deud ' Oh, I'm so proud of you!' Oedd o mor ddoniol! "

Brother oedd o, achos roeddan nhw'n chwara sŵn babi yn crio er mwyn deffro ni yn y bore weithia!

Y bore wedyn ro'n i'n gweld fy siant, ac yn gneud y peth 'na i'r *Sunday Mirror* efo'r lapdancers . . . ac o'n i isho esbonio i Mam a Dad am y stori sex ochr mynydd, achos o'n i'n gwbod bod nhw'n mynd weld yr hanes yn y *Sunday Mirror* y diwrnod wedyn, achos roedd y newyddiadurwr newydd ofyn i fi amdano fo . . . ac o'n i isho crio, achos oedd Mam a Dad yn meddwl bo fi dal yn virgin! So o'n i fanna yn trio ffendio'r adeg iawn i ddeud wrth Dad bo fi ddim yn virgin, ac odd Dad yn rîli emosiynol ac isho deud wrtha fi bod o'n browd ohona i am neud mor dda yn Big Brother . . . a rhwng bob dim oedd pawb yn trio'i ddeud, be' ddoth allan oedd fi'n deud 'Dad, I'm not a virgin!' a fo'n deud 'Oh, I'm so proud of you!' Oedd o mor ddoniol! A wedyn dyma Mam yn gofyn, 'Wyt ti di bod efo hogan ar ben mynydd, Glyn?' a dyma fin deud 'Do . . . ' a dyma hin deud 'O, mae o'n wir felly . . . ' Ond oedd hi'n iawn hefyd . . . o'n i di deud yr hanes yn fras ar Big Brother eniwe, so ma siŵr oedd hi i rhoi dau a dau at ei gilydd . . . Noson Stomp yn Blaena ddigwyddodd o . . . o'n i di yfed dwy botal o win, a i meddwi braidd . . . a nath o jyst digwydd . . . ond ar y pryd o'n i'm yn isgwyl iddo fo fod ar dudalen flaen y un . . .

Felly o'n i yn y gwesty crand ma o Mam a Dad yn gneud y llunia a i'r *Mirror*, ac oedd Aisleyne yna efyd yn cael ei llunia hi . . . ac oedd paparazzi yn bob man yn trio cael

ein llunia ni, so doeddan ni'm yn cael gadal y gwesty . . . ond roedd o'n westy anhygoel, ac oedd jyst clwad miwsig eto yn anhygoel

Y bore wedyn aethon ni allan i chwilio am gopi o'r *Mirror* er mwyn cael gweld y llunia. O'n i di deud wrth Mam a Dad yn barod am y stori, so o'n i'n fwy ecseited na dim byd wrth gerdded ar hyd strydoedd Llundain a pawb yn deud, 'Wow, look it's Glyn!' A lot o bobol yn dwad ata fi a deud 'Bore da Glyn', 'Pnawn da . . . ' a petha felna, ac o'n i'n meddwl . . . sut ma pobol Llundain yn gwbod gymaint o Gymraeg! Rodd o fatha mod i di achosi i Llundain droi'n lle Cymraeg mwya sydyn, ac oedd hynna yn beth da . . .

Wedyn es i i'r siop bapur newydd efo Mam a Dad, prynu'r *Mirror* a mynd i rhyw barc yn ymyl i'w ddarllen o . . . nes i ddarllen y stori gyfan yn uchel i Mam a Dad, ond o'n i'n iawn efo'r peth, achos o'n i'n meddwl, wel, ma siwr bod nhw di gweld gymaint o betha embarrassing ar y rhaglen eniwe felly be di'r ots . . . ond dyma fi'n trio deud wrth Dad, 'I'm sorry for what I did in the shower . . . ', ond nath Dad ddim deud dim byd, jyst chwerthin! Na, nath o'm hyd yn oed chwerthin, jyst deud dim byd!

Ond i fi gael un peth yn sdrêt cyn mynd ymlaen, be ddechreuodd y busnas yn y gawod oedd damwain ges i pan o'n i'n chwara'n wirion yn

Yr hogyn bach o Picton Terrace, Blaenau Ffestiniog

> "Rodd o fatha mod i di achosi i Llundain droi'n lle Cymraeg mwya sydyn, ac oedd hynna yn beth da . . . "

'How Glyn used these pants to pull an older woman!'

MORE heads to Wales to talk exclusively to BB Glyn's best mate, Idris Williams, and reveals the truth behind his more stud-than-dud reputation...

MORE

GLYN I ENNILL

"nes i'm deall yn iawn bo fi'n enwog tan rhyw fis ar ôl Big Brother, on i'n dal i feddwl bo fi'n normal . . . "

y Tŷ – chwara reslo efo Lisa o'n i, a nath hi gicio fi yn fy mhidlan! Ac oedd rhaid i fi fynd i weld doctor – nathon nhw'm dangos hyn ar y rhaglen – a nes i fynd fewn i'r diary room a deud 'Right, this is really personal now, but my balls hurt, please don't air this, but I have to see a doctor!' Odd y doctor yna mewn pum munud, ac o'n i'n goro ista yn y diary room, a dyma nhw'n deud 'Big Brother will not be filming this', a dyma'r doctor yn cal check iawn a dyma fo just y deud, 'You've got a build up . . . ' neu rwbath fela! Oedd na ryw wyth wythnos di bod erbyn hynny doedd! So nes i feddwl, wel, fydd rhaid i fi jyst gal o allan bydd . . . ac o'n i angan neud o eniwe wrth gwrs! Ond oedd Pete di gneud pump gwaith yn y Tŷ eniwe . . . ac oedd George di gneud o mewn i hosan ddwywaith . . . disgusting . . . ac oeddan ni'n haslo Nikki bod 'na crusty sock yn ei drôr hi . . . ac odd Mikey isho cal un hefyd . . . ond ddaru fo ddeud 'I'm not going to do it in this house, I'm never going to do it . . . I'd rather have sex than do it myself . . . ', ond o'n i'n meddwl, bugger that de! Oeddan ni di cal y 'Best Friends Task' cyn hynna, a dyma fi'n prynu condom i Mikey yn bresant, so oedd y syniad yn fy mhen i yr adeg hynny . . . so o'n i'n meddwl, wel, nai iwsio hwnna os na di Mikey isho fo . . . ond ar ôl i fi neud

dyma fo'n mynd rownd pawb yn deud wrthyn nhw bo fi di gneud! Ond roedd o'n well na cherdded rownd efo codiad a phoena drwy'r dydd doedd!

Ar ôl wythnos hollol boncyrs yn mynd ar wahanol sioeau a gwneud stwff i E4, es i nôl i Blaena am y tro cynta, ac oedd pawb yn gwitshad amdanai rownd fy nhŷ i, pawb yn deud da iawn, a rhywun di rhoi wy i fi a rhywun arall di rhoi seidar i fi, ac o'n i'm yn deall be odd yn digwydd yn iawn, oedd o'n bizarre iawn . . . O'n i jyst isho gweld Mam a Dad, ond oedd na barti yn y clwb rygbi, a Radio Cymru yna a ballu, a deud y gwir o'n i'm rîli isho mynd i'r parti, achos o'n i heb weld Mam a Dad ers gymaint . . . so es i mewn i'r tŷ ac o'n isho mynd am fath ar ôl bod yn teithio drwy'r dydd, a dyma'r paparazzi yn dod isho tynnu llunia tu allan i'r tŷ, ac oedd pawb tu allan isho fi fynd allan, ac oedd Dad yn deud 'Come on Glyn, you have to go out, they're your fans . . . ' ac o'n i'm yn deall yn iawn be oedd yn mynd ymlaen, nes i'm deall yn iawn bo fi'n enwog tan rhyw fis ar ôl Big Brother, on i'n dal i feddwl bo fi'n normal . . . ac oedd pawb yn gwatshad fi trwy ffenest y tŷ, oedd o'n hollol od, a dyma fi jyst yn deud, dwi'n mynd am fath, a dyma fi'n tynnu'n nillad i ffwr o flaen Mam a Dad, a deud, dowch i fewn i'r bathrwm efo fi! O'n i byth yn meddwl fyswn i'n gneud y ffasiwn beth! Ond o'n i di arfer gymaint cerdded rownd Tŷ Big Brother yn noeth, a rhannu bath efo pobol eri oedd o just yn teimlo'n naturiol ar y pryd!

So ges i bath yn hollol noeth efo

...ad yn ista ar y pan, a Mam yn dod ...mewn bob hyn a hyn i weld os o'n ...n iawn . . . Dwi'm yn meddwl o'n i ...yd yna ar y pryd, o'n i dipyn bach yn ...**d-yp dwi'n meddwl . . . a dyma fi'n ...ofyn 'Are you alright Dad?', a dyma ...'n deud 'Yes, are you?', a dyma fi'n ...eud 'What's happening?', a dyma Dad ...n deud, 'They just want to see you ...lyn,' a dyma fi'n deud 'But they're ...om Blaena, why do they want to ...e me?' Ac oedd o jyst yn od, ac oedd ...obol yn cnocio ar y drws yn gofyn ...n lofnod, a Mam yn deud, wel, na, ...dim rŵan, achos mae o yn y bath . . . ...dyma fi'n newid wedyn, a goro mynd ...r clwb rygbi, a ffrindia fi i gyd yna, ...pawb yn gweiddi . . . jyst boncyrs ...li . . .

...Ar y pryd do'n i ddim yn ...ylweddoli bod lot o ffrindia fi wedi ...werthu storis amdana fi i'r papura, ...ar ôl mynd drwy'r toriada i gyd ...edd Mam a Big Brother di cadw i fi, ...yma fi'n sylweddoli bod nhw wedi ...n amdana'i ar ochr mynydd efo'r ...ogan ma, ac er o'n i wedi deud ar ...ig Brother mod i di cael secs ar ochr ...ynydd, nes i ddim deud pryd nag efo ...wy, a fyswn i byth di enwi'r hogan ...chos fyswn i byth isho iddi hi gael ...nrhyw hasl oherwydd y peth, ond ...athon nhw enwi hi yn y papur, a ...wi'n siŵr bod hi a'i theulu hi yn flin ...ypset am y peth, felly dwi'n flin bod ...di goro mynd drwy hynna jyst am ...od un o'r hogia di siarad efo rhyw ...ewyddiadurwr . . . A nath ffrindia fi ...deud bob math o betha erill personol ...ndana fi, fatha 'Glyn's got an ...bsession with blondes', 'Glyn's been ...rough bullying hell', 'Glyn on a night

out', 'Glyn used this underwear to get an older woman' . . . oedd yn wir, ond do'n i'm llawer o isho fo yn y papur chwaith . . . ond nes i ffonio ffrindia fi a jyst gofyn pam nathoch chi sgwennu am yr hogan ar y mynydd, a nath un ohonyn nhw ddeud, 'O, o'n i'n meddwl bo chdi isho ni ddeud petha felna . . . ' a ddudish i 'Na, ddim rîli', a ddudish i mod i'n flin am y peth.

A nes i ofyn be oedda chdi'n gael am hynna a ballu . . . achos ddudon nhw wrth bobol erill bod nhw'n mynd i gadw'r pres gafon nhw gan y papura at pryd o'n i'n dŵad allan, a cal marquee a parti a ballu . . . ond lle mae o ta? Do, athon ni allan am fwyd, ond fi nath dalu amdana fi fy hun . . . ddim bo fi'n meindio am bres, ond o'n i yn siomedig braidd bod nhw di siarad efo'r wasg . . . a wedyn pan dwi di trio cysylltu efo nhw ers hynny, ma lot ohonyn nhw di newid eu rhifa mobeil . . . so nes i roi rhif fi iddyn nhw, ond dydyn nhw ddim di ffonio . . . nathon nhw dorri fi allan mewn ffordd, ond wedyn mae'n gweithio ddwy ffordd, achos nes i dorri nhw allan dipyn bach hefyd, achos o'n i'n brysur iawn efo'r holl waith cyfryngau a chlybia nos ges i ar ôl Big Brother, ac o'n i dipyn bach yn filain am be oedd di digwydd efo'r papura . . . ac eto dwi'm yn dal dig chwaith, achos ar ddiwedd y dydd maen nhw yn y Brifysgol yn gneud eu petha nhw, a dwi yn Gaerdydd yn gneud fy mhetha i . . . ma bywyd yn mynd ei flaen. Mae'n siŵr os welai nhw gai sgwrs a holi sut maen nhw, ond dan ni di symud oddi wrth ein gilydd ac yn gneud petha gwahanol, felly dyna fo . . . '

'Your passion and love for our language and country has been an inspiration for other young people, and you've certainly put your hometown of Blaenau Ffestiniog on the map. Conversations in the house with Imogen have raised the profile of the Welsh language all over the world. Congratulations on you're A-level results. Enjoy your course at Bangor University, and good luck with your career, whether in politics or not.' - Rhodri Morgan.

Dechrau'r daith i Dŷ'r Brawd Mawr

'Hi, my name's Glyn Wise, I'm 18, and I've been voted the sexiest lifeguard in North Wales. I'm head boy at school, and that proves how popular I am! I'm good-looking, just look at me – I'm a future model for god's sake!'

'O'n i di bod isho gneud Big Brother ers talwm, pan gath Anthony a Makosi [Big Brother 2005] gael eu evictio yn Big Brother 6, o'n i'n gwbod o'n i isho bod yna y flwyddyn wedyn, a nes i ddeud mod i'n mynd i fod, o'n i actually yn gwbod y byswn i'n gal o am ryw reswm. O'n i'n mynd ar y we bob munud i chwilio am y Big Brother 7 auditions, i weld lle oeddan nhw. A welis i hysbyseb am yr un yn Manceinion, a dyma fi'n penderfynu mynd i fan'na. O'n i'n meddwl sa fo'n well i fynd i Manceinion na Caerdydd, achos fyswn i'n sefyll allan fwy yn Lloegr am fy mod i'n Gymro.

Felly nath Mam a Dad ddreifio fi yr holl ffordd yna, a gadal fi yn y CIS yn Manceinion, ac o'n i di mynd a gwahanol dronsia efo fi, er mwyn imi gael deud 'these are my pulling pants, these are the ones I got diarhhea in, these are the ones I failed my driving test in . . . ', a es i â nillad achub bywyd efo fi, a fflag Cymru, ac oedda chdi'n goro ciwio yn yr oerni am oria, a'r ciw ddim yn symud, ac oedd na gymaint o weirdos yn y ciw, a genod efo bronna mawr yn fflashio chdi, a hogia di gwisgo fyny fel cavemen, a rhai mewn dressing gowns, a wedyn rhai yn hollol normal. Es i i newid yn y toilets a dod yn ôl allan fel person achub bywyd, ond mae'n rhaid bod y cynhyrchwyr di bod yn sbio arna fi cyn hynny, achos oeddan nhw di bod yn ffilmio fi tra o'n i yn y ciw . . . Mae'n rhaid bod nhw'n gweld rwbath yndda fi adeg hynny i bigo fi allan.

A wedyn dyma nhw'n gofyn i fi, so why do you want to go in Big Brother? A dyma fi'n deud 'Cos I'n good looking and I'm way better than any of these other people . . . look at me, I'm sexy, I've got a great body, I'm just too good! And I'm Welsh, and there needs to be a Welsh winner . . . ' Wedyn athon nhw oddi wrtha fi wedyn, ac oeddach chdi'n cal dy roi mewn grŵpia, a ges i'n rhoi efo'r bobol o'n i di bod yn

> **ac oedd na gymaint o weirdos yn y ciw, a genod efo bronna mawr yn fflashio chdi, a hogia di gwisgo fyny fel cavemen**

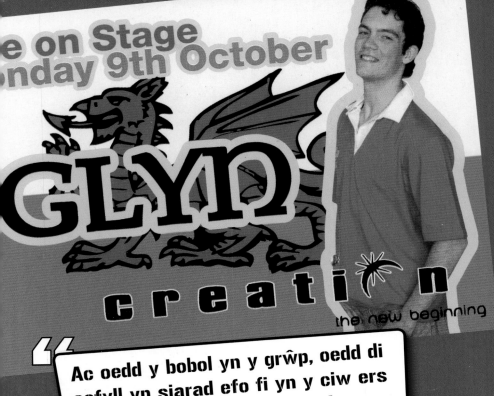

e on Stage
onday 9th October

GLYN
creati*n
the new beginning

> " Ac oedd y bobol yn y grŵp, oedd di sefyll yn siarad efo fi yn y ciw ers oria, yn sbio'n wirion arna fi! "

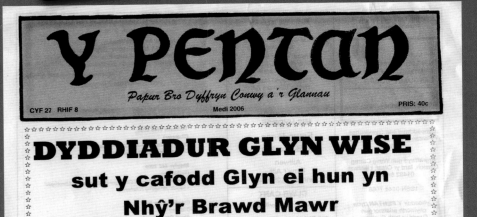

Y PENTAN
Papur Bro Dyffryn Conwy a'r Glannau

CYF 27 RHIF 8   Medi 2006   PRIS: 40c

DYDDIADUR GLYN WISE
sut y cafodd Glyn ei hun yn
Nhŷ'r Brawd Mawr

sefyll efo nhw yn y ciw drwy'r bore, ac o'n i di dwad i nabod nhw a di bod yn sgwrsio efo nhw ers oria, ac o'n i'n meddwl, ma rheiny gyd yn neis, fedrai'm gneud yr act coci o'u blaena nhw, ond wedyn dyma fi'n meddwl twll eu tinau, nai jyst fynd amdani! Achos o'n i di penderfynu ar ôl meddwl am y peth mai smalio bod yn goci oedd y ffordd gora i gael mewn i'r Tŷ.

Wedyn nathon nhw ofyn pwy oedd isho mynd gynta, so aeth yr hogan ma ymlaen a deud, 'Oh I really want to go into Big Brother, but I don't know why . . . I'm quite emotional . . . ' a dyma'r cynhyrchydd yn mynd 'Next!' Oedd na ddeg ohona ni yn y grŵp, tua 6 hogyn a 4 hogan. Oedd un yn blonde, y llall yn ddu, un hogan dlws, un boi reit fawr oedd di bod ar Countdown, a hogia neis boring, a dyma fi'n sefyll yna yn fy lifeguading gear, a deud, 'Well I think I should be chosen out off all the lads here cos I'm the most good looking one, I'm way more attractive than them, look at that girl there, she looks boring, I don't want to stay in the house with her . . . she's an arse to be with . . . she's being a dickhead . . . ' ac o'n i jyst yn deud petha fel'na! A deud 'I'm head boy at schoo and that proves I'm more popular than all of you, everybody likes me . . . ' o'n i jyst yn bod yn dwat rîli! Ac oedd y bobol yn y grŵp, oedd di sefyll yn siarad efo fi yn y ciw ers oria, yn sbio'n wirion arna fi!

A bob tro oedd y criw cynhyrchu yn gofyn wrtha ni, 'Who don't you want to be in the house with?',

roedd pawb yn deud fi! A wedyn
roedd pobol Big Brother yn licio fi, ac
roeddan nhw'n rhoi stamp ar fy llaw
a deud bo fi drwodd i'r rownd nesa!
Ma'n siŵr bod nhw'n meddwl mod
'n mynd i fod yn rîli cegog a coci yn
Tŷ achos mod i'n bod yn ffasiwn
wat efo gweddill y grŵp! So ges i a'r
ogan dlws efo'r bronna ein dewis
fynd drwodd, so aethon ni lawr y
risia wedyn i gal tynnu'n llunia, a
yma fi'n deud, 'I want more than one
icture, cos I want to look good in all
f them!' So odd pawb arall mond yn
al un llun, ac o'n i fan'na yn posio a
ofyn am fwy! A dyma fi'n fflashio'n
hin a ballu, a rhoi rhew ar fy nips a
allu! Dwi'm yn gwbod pam!

A dyma rhai o'r hogia erill yn deud
mdana fi, 'We've been standing with
his lad for ages, and he's such a nice
ad, but he's acting like a prick now for
ome reason.' Felly ar ôl gneud y llunia
'n i drwodd i'r rownd nesa, ac oedd
haid i fi aros mewn ciw efo'r hogan
ronna a rhyw 8 arall, ac roeddan i'n
orfod cymryd ein tro i fynd mewn
r Diary Room a gwerthu dy hun am
funud, ac yn fan'na ddudish i'r holl
etha fatha 'Hi I'm Glyn Wise, I'm 18,
m from north Wales I'm attractive..
ere are my pulling pants . . . ' a deud
wyth o betha fel'na, a wedyn dyma
a sŵn bipian yn dŵad, a llais yn
eud, 'You may now leave the Diary
oom!' Felly ges i ngyrru allan, a dyma
hw'n leinio'r 10 ohonan ni fyny, a
uif fi oedd 68421, a dyma nhw'n galw
r rhif i a deud 'We would like to give
further interview to this person,' ac
n i'n gweiddi, 'Yes! Yes!' Ac o'n i mor
seited! A fanna o'n i'n neidio fyny a

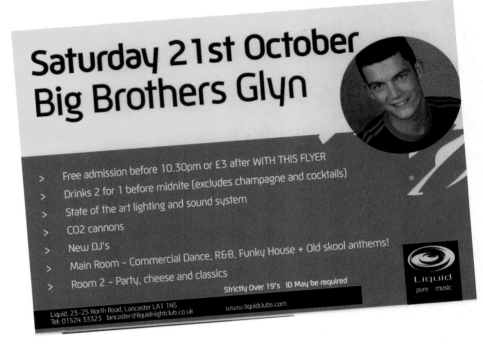

Saturday 21st October
Big Brothers Glyn

> Free admission before 10.30pm or £3 after WITH THIS FLYER
> Drinks 2 for 1 before midnite (excludes champagne and cocktails)
> State of the art lighting and sound system
> CO2 cannons
> New DJ's
> Main Room - Commercial Dance, R&B, Funky House + Old skool anthems!
> Room 2 - Party, cheese and classics

Strictly Over 19's   ID May be required

Liquid, 23-25 North Road, Lancaster LA1 1NS
Tel: 01524 33323   lancaster@liquidnightclub.co.uk
www.liquidclubs.com

Liquid
pure music

lawr yn fy shorts coch o flaen y 9
person arall,a nhw'n goro mynd adra!
Ac o'n i'n neidio fyny a lawr yn deud
'Thank you so much!' ac yn cusanu'r
tim cynhyrchu!

Wedyn dyma un ohonyn nhw yn
deud 'Well done' wrtha fi, a cario
mag i drwodd i ryw stafell arall lle

oedd na bobl erill oedd wedi mynd drwodd, ac un ohonyn nhw oedd Mikey, yn gwisgo dillad Superman. Y 50 ola Manceinion oedd yn y stafell, ac roedd rhaid inni lenwi ffurflen rîli drwchus oedd yn gofyn bob math o gwestiyna am dy blentyndod, am dy gariadon a dy rywioldeb, tynnu llun ohona ti a ballu – a nes i neud llun a sgwennu 'I'm a sex god' wrth ei ymyl o! A nes i'n llun i'n anferth er mwyn iddyn nhw feddwl mod i'n larger than life a ballu . . . ac oeddan nhw'n gofyn sut fath o berson fydda ti'n licio bod efo nhw yn y Tŷ efo nhw, sut fath o berson fydda ti ddim isho a ballu . . . a be sy'n od ydi bod yr holl bobol nes i ddisgrifio yn y darn yna wedi bod yn y Tŷ yn y diwedd, ac yn ôl pob tebyg roedd na un ohonyn nhw wedi deud 'I hate the Welsh accent,' wedyn mae'n amlwg bod nhw'n dewis y bobol maen nhw'n meddwl fydd yn gwrthdaro efo'i gilydd, a'r bobol fyddan nhw'n medru gneud stori allan ohonyn nhw . . .

Ac ar ôl ateb yr holl gwestiyna a llenwi'r ffurflen i gyd dyma fi'n ffonio Mam a Dad, a deud, 'Mae gen i newyddion da a newyddion drwg, y newyddion da ydi mod i drwodd

i'r rownd nesa, a'r newyddion drwg ydi bo rhaid inni aros diwrnod arall yn Manceinion!' So nathon ni aros mewn Travelodge, a mewn bunk beds! O'n i ar y bunk top, a Mam a Dad yn yr un gwaelod!

A'r diwrnod wedyn es i yn ôl i'r lle, ac roedd rhaid i fi fynd i'r Argument Room, lle oeddach chdi'n cwrdd a 20 o bobol erill, ac oedd Mikey yna hefyd, a dyma nhw'n gofyn i fi, 'Why have you chosen to look like a lifeguard?', so dyma fi'n deud bo fi'n gallu expressio fy hun yn well heb ddillad ymlaen, bo fi'n ddel heb ddilad, bod gen i gorff perffaith a ballu . . . a dwi'n gwbod yn iawn bo fi ddim, ond o'n i jyst yn chwara'r gem . . . a dyma'r boi o'r tim cynhyrchu yn dechra herio fi a deud, 'We always get muppets like you trying ti get into Big Brother, are you the only gay in the village?' A dyma Mikey yn deud 'No he's not gay, he's just come as he is, so stop picking on him!' ond doedd neb arall yn licio fi, ac oherwydd hynny roedd y tim cynhyrchu yn licio fi am bod na sbarcs yn fflio rhyngdda i a'r lleill, a dwi'n meddwl nath Mikey yn dda achos nath o sefyll i fyny drosta fi a cega ar y boi o'r tim cynhyrchu.

Wedyn nathon nhw alw rhif fi eto, a galw fi yn ôl i'r Diary Room, ac o'n i yna am 20 munud, ac oeddan nhw'n holi cwestyna am bob

> "Dwi'n edrych yn horibl yn yr audition tape, felly dim rhyfedd bo fi di cal fy bŵ-io ar y ffordd mewn!"

dim o'n i di sgwennu yn y ffurflen, petha fath 'So why do you believe you're the most attractive person in Wales?' Ac o'n i jyst yn deud, 'Well, look at me, isn't it obvious!' A dyma nhw holi 'Have you ever been bullied?' A ddudish i 'Yes, I was bullied in primary school . . . ' a ddudon nhw, 'Did they bully you because you're ugly?' a ddudish i 'No, of course not!' A ddudon nhw 'Why don't you believe you're ugly?', a dyma fi'n deud, 'Just look at me, I'm a future model for god sakes!' A dyna mae'n nhw'n neud, trio gwylltio chdi er mwyn i chdi ddeud petha mwy eithafol er mwyn i chdi edrych yn waeth ar y clips maen nhw'n dangos ar ddechra'r rhaglen gynta pan ti'n mynd i mewn i'r Tŷ . . . Dwi'n edrych yn horibl yn yr audition tape, felly dim rhyfedd bo fi di cal fy nŵ-io ar y ffordd mewn!

Y peth mwya nes i yn yr auditions oedd mynd mlaen a mlaen am pa mor ddel o'n i, a bod dynion erill yn gweld fi'n fygythiad am bod fi'n mynd i ddwyn eu cariadon nhw a ballu, a nes i hynna achos dwi'n meddwl mai nau fath o bobol maen nhw isho ar Big Brother, sef pobol fel, a pobol sy'n meddwl bo nhw'n ddel . . . A nes i ddysgu hynny wrth sbio drwy'r holl audition tapes gath eu gwneud ar gyfer y gyfres ddiwethaf. Ti'n medru mynd ar y we a gweld y tapia, a gweld be nath pobol fel Anthony a Makosi gwennu yn eu ffurflenni nhw, a ti'n allu gweithio allan o hynny be mae'r cynhyrchwyr yn chwilio amdano fo. A dyna be nes i, trin y peth fel arholiad, swotio fyny ymlaen llaw, a wedyn ymddwyn fel idiot!

Bron yna . . .

Ar ôl cyfweliadau Manceinion, nes i ddim clywed dim byd am dri mis, a wedyn ges i alwad ffôn . . . 'Hello, is this Glyn? We'd like to invite you down to London to audition . . . ' Pedwar grŵp sy'n cael mynd i Lundain efo 20 o bobol ym mhob grŵp . . . so o'n i lawr i tua'r cant olaf erbyn hynny. A fanna nes i gwrdd â Dawn, George a Sam, ac o'n i'n meddwl mai hogan oedd Sam, nes i'm dallt ar y pryd mai hogyn ydi hi go iawn! Nes i weld Nikki hefyd achos roedd hi yn y grŵp ar ôl fi, ac o'n i jyst yn meddwl pwy 'di'r hogan wirion yma!

Ges i amsar reit ddrwg yn Llundain, o'n i rioed 'di bod yn Llundain ar fy mhen fy hun o'r blaen, ac o'n i'm yn deall tacsis a'r tiwb a petha fela, a doedd neb yn helpu fi, a ges i sgwrs efo'r cynhyrchwyr lle roeddan nhw'n deud wrthai be i ddisgwyl ar ôl bod ar raglen fel Big Brother.

Roeddan nhw'n deud y byswn i'n cael fy nyrnu ar ôl dod allan achos fysa 'na rai pobol ddim yn licio fi a ballu. Roeddan nhw'n gofyn os o'n i'n siŵr os o'n i'n gallu handlo enwogrwydd, nathon nhw holi os o'n i'n siŵr am fy rhywioldeb, a rhybuddio fi y gallwn ni fod yn y gyfres ond peidio mynd i'r ffeinal, a wedyn fyswn i'm yn cael llawer o sylw wedyn, a rhoi run-down o bob dim i fi am y math o hasls fysa Mam a Dad yn gael . . .

Ar ôl y sgwrs yna roedd rhaid inni fynd i'r Games Room, neu'r 'hell room' fel dwi'n meddwl amdana fo! Y peth cynta nathon ni oedd ista mewn cylch, a lluchio pêl at ein gilydd, a'r person oedd yn dal y bêl yn gorfod ateb unrhyw gwestiwn oedd y lleill yn holi . . . a ges i betha fatha 'Why are you so arrogant?' 'Can you put your clothes back on please?', a wedyn dyma nhw'n rhannu'r stafell yn ddau, ac oeddat ti'n goro sgwennu lawr ar sticeri un peth positif ac un peth negatif am bob person a rhoi'r sticeri ar eu cefna nhw . . . negatifs fi oedd bod genno fi 'attitude problem', bo fi'n 'annoying', bod genna i wallt gwirion, bo fi'n rhy dena, a lot o betha erill hyll; wedyn roedd 20 ohonan ni'n goro chwara gêm lle roeddan ni'n gorfod penderfynu rhyngthan ni pwy oedd y mwy golygus a pwy oedd yr hyllaf, ac ym mha drefn roeddan ni i gyd o ran ein 'looks', felly mi nes i fynd i sefyll o flaen pawb a smalio mod i'n meddwl mai fi oedd

y dela, ac yn y diwedd nathon nhw adal i fi fod yr ail dela, a rhyw hogan gwallt melyn o dde Cymru oedd yn rhif 1! Wedyn roeddan ni'n goro gneud yr un peth eto ond efo clyfrwch yn lle edrychiad, ac o'n i'n ail yn fanno hefyd, a Dawn yn y safle cyntaf; wedyn y person mwya gonest, ac o'n i rwla yn y canol efo hwnna . . . gêms i neud i ti ffraeo oeddan nhw, ond o'n i'n eitha joio hefyd!

Wedyn roeddat ti'n gorfod creu dadl efo rhywun arall yn y stafell, a dyna pryd nes i ffraeo efo George am y frenhiniaeth, nes i jyst sefyll ar fy nhraed, a jyst troi mewn i'r bwli dwi'n cofio yn ysgol fach . . . nes i ddeud wrth George, 'I'm way more attractive than you, I don't know who you think you are, you come here with all your upper class crap . . . ' a wedyn dyma fo'n dechra crio! A dyma'r cynhyrchwyr yn deud wrtha fi i calmio lawr dipyn bach achos o'n i 'di dechra chwysu a crynu, achos dwi rioed di ffraeo fela efo neb . . . dwi'n methu coelio bod neb 'di gweld mai jyst actio o'n i!

Oedd hyn i gyd yn cael ei ffilmio, ac oedd y cynhyrchwyr a'r seicolegwyr yn gwatshad ni . . . a wedyn dyma nhw'n deud wrthan ni am benderfynu pwy fydda'r bobol fysa'n gneud yr housemates gora, ac o'n i'n trio stwffio i'r tu

blaen, ond roedd y lleill yn gwrthod gadal fi fewn, ac o'n i'n deud wrth y cynhyrchwyr, 'I can't believe they're not letting me in, I'm much better than they are!' A wedyn dyma'r cynhyrchwyr yn deud bod rhaid i un person gael ei efictio, o'n i isho crio! dyma lot ohonyn nhw yn deud 68421 sef fy rhif i . . . a dyma'r cynhyrchwyr yn deud bod rhaid i'r person oedd yn cael ei ddewis adal y stafell, a ddim yn cael mynd ar y rhaglen, a bod nhw'n goro pacio bagia a mynd adra. Ac o'n i'n meddwl mai fi fysa fo! Ond wrth lwc roedd na foi o Awstralia oedd di bod yn sôn am secs drwy'r peth i gyd, gath o 4 pleidlais, ges i 3 a gath Dawn 3, so y boi arall nath fynd yn y diwedd. Ond glywis i wedyn bod Mikey a Shabbhaz wedi cael eu eficitio allan o'u grŵpia nhw, wedyn mae'n rhaid mai deud clwydda oedd y cynhyrchwyr pan oeddan nhw'n deu bo chdin goro mynd adra!

Ar ôl y Games Room nathon nhw alw allan y rhifa roeddan nhw isho i aros, a dyma nhw'n galw allan fy rh i, hogyn Cymraeg arall o Dde Cymru Dawn, Sam, yr hogan ma o'r enw Belinda sy'n gweithio yn yr Hard Ro Café yn Caerdydd . . . a dyma nhw'n deud y bysan nhw'n cysylltu efo ni, ar y pwynt yma o'n i'n gwbod bod ge i jans go dda o fod yn y Tŷ.

Y tro nesa es i i Lundain o'n i'n goro cwrdd seicolegydd, ac roedd o gyd yn hush hush . . . roeddan nhw deud y bysan nhw'n cwrdd fi tu alla i River Island yn ganol Llundain, a o'n i jyst yn goro gwitshad tu allan i'r siop tan bod rhywun yn dod ata fi ac yn gofyn am y passwor

> "Nes i ddeud wrth George, 'I'm way more attractive than you, I don't know who you think you are, you come here with all your upper class crap . . . ' a wedyn dyma fo'n dechra crio!"

cozade oedd y password. Wedyn o'n i goro mynd i'r gwesty ma i weld seicolegydd, ac oedd o'n gofyn lot o betha i fi am fy mhlentyndod . . . a gneud multiple choice questionnaires . . a wedyn dyna fo, es i adra wedyn.

Dros yr wythnosau nesaf ges i lot o alwadau gan y tîm cynhyrchu, yn deud petha fel 'Glyn, you're doing very well . . . have you told anybody?' A wedyn ddoth un o'r criw cynhyrchu i fyny i Blaena i weld lle o'n i'n byw, a siarad efo Mam a Dad a ballu, ac o'n i goro smalio wrth ffrindia fi mai cefnder fi oedd o fel bod neb yn gwbod mai boi o Big Brother oedd o! Roedd o'n dod i tjecio allan stori fi mewn ffordd . . . Fysa hynna di gallu bod yn drychinebus, gan mod i 'di rhoi act ymlaen drwy'r audition process a deud mai fi ydi'r person mwya poblogaidd yn Blaena a ballu! Ond wrth lwc, oherwydd y math o le ydi Blaena, a pawb yn nabod ei gilydd a deud helo wrth ei gilydd, roedd o'n cerdded lawr y stryd efo fi a pawb yn deud 'Helo Glyn!' . . . 'Sut wyt ti Glyn?' . . . doedd o ddim yn gallu coelio'r peth! Oedd o'n meddwl mod i 'di deud y gwir, mod i'n rîli boblogaidd! Ond yn Llundain di pobl ddim yn deud helo wrth neb, felly roedd o'n deud 'Wow, Glyn you are really popular!'

Mi ges i un copsan genno fo am

ddeud celwydd hefyd . . . o'n i di deud wrthyn nhw yn Llundain mai teulu o noethlymunwyr oeddan ni, jyst er mwyn gneud inni swnio'n fwy diddorol, so pan ddoth o i'r tŷ i weld rhieni fi, dyma fo'n deud, 'Wouldn't your mum usually be naked around the house?' So nes i gyfadda mod i di deud clwydda am hynna, ac esbonio mai fi di'r un sy'n licio strîcio a rhedag yn noeth rownd y lle! Felly ar ôl iddo fo gwrdd Mam ac Annette, dyma fi'n mynd â fo i'r Grapes yn Maentwrog i weld rhai o ffrindia fi . . . roedd Erin yna, a nes i ddeud wrthi hi pwy oedd o go iawn, a deud wrthi bod rhaid iddi smalio mod i'n dipyn o gi ac yn rêl boi efo'r genod a ballu . . .

O'n i yn yr ysgol ac o'n i'n cael galwada ar fy mobeil gan Big Brother yn deud 'Glyn, you're doing so well now . . . remember not to tell anybody . . . ' ac yn Ysgol Llanrwst, dwyt ti'm i fod efo ffôn yn y gwersi . . . ac o'n i'n Head Boy! So o'n i'n goro gneud esgusodion i'r athrawon a deud, 'O, ma chwaer fi ar fin cael babi, so dwi angen gallu ateb y ffôn . . . ' A dyna'r oll oedd Big Brother yn ddeud drwy'r amser, jyst 'Glyn you're doing so well, have you told anybody?' a wedyn roeddan nhw isho fi anfon manylion fy mhasport, fy rhif yswiriant cenedlaethol, manylion banc, so o'n i'n meddwl, wel, ma rhaid bo fi'n gneud

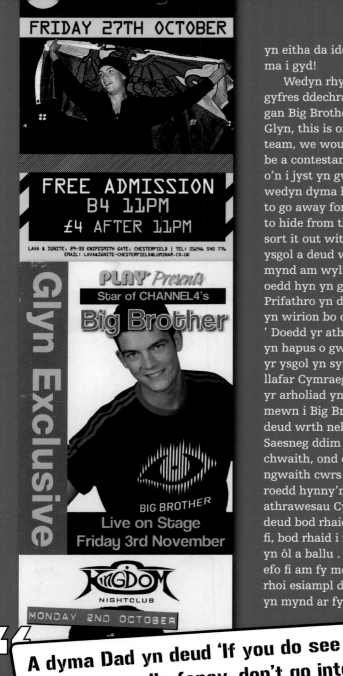

"A dyma Dad yn deud 'If you do see a girl you really fancy, don't go into bed with her, and don't get drunk'"

yn eitha da iddyn nhw fod isho'r petha ma i gyd!

Wedyn rhyw dair wythnos cyn i'r gyfres ddechra, ges i alwad ffôn adra gan Big Brother, a hogan yn deud 'Hi Glyn, this is one of the Big Brother team, we would like to invite you to be a contestant on Big Brother', ac o'n i jyst yn gweiddi 'Aaaaaaargh!' A wedyn dyma hi'n deud 'You're going to go away for two weeks to Belgium to hide from the press, so you need to sort it out with school . . .' So es i i'r ysgol a deud wrth y Prifathro, 'Dwi'n mynd am wylia am bythefnos . . .' ac oedd hyn yn ganol fy lefel-A! Ac oedd y Prifathro yn deud 'Glyn, mae o braidd yn wirion bo chdi'n mynd rŵan . . . ' Doedd yr athrawes Cymraeg ddim yn hapus o gwbwl, ac o'n i'n gadael yr ysgol yn syth ar ôl yr arholiad llafar Cymraeg . . . so o'n i'n gneud yr arholiad yn gwbod mod i'n mynd mewn i Big Brother, ac yn methu deud wrth neb! Doedd yr athrawes Saesneg ddim yn hapus mod i'n mynd chwaith, ond o'n i newydd orffen fy ngwaith cwrs i gyd ar gyfer Celf, felly roedd hynny'n iawn . . . Ac roedd yr athrawesau Cymraeg a Saesneg yn deud bod rhaid i fi fynd â'n llyfra fi efo fi, bod rhaid i fi gopïo fyny ar ôl dod yn ôl a ballu . . . ac oeddan nhw'n flin efo fi am fy mod i'n Head Boy, ac yn rhoi esiampl ddrwg i'r disgyblion erill, yn mynd ar fy ngwyliau ar ganol fy arholiadau lefel-A!

Roedd Big Brother isho imi golli'r arholiad llafar Cymraeg,

ond o'n i'n gwbod os fyswn i'n gneud hynny fysa'r ysgol yn gwbod bod na rwbath o'i le, felly mi nes i hwnnw, ac o'n i ddiwrnod ar ôl pawb arall yn cyrraedd Gwlad Belg. Ar ôl yr arholia o'n i efo'n siwtces yn barod i fynd yn syth, a Dad yn gwitshad fi tu allan i'r ysgol 'di prynu dillad newydd i fi fynd i mewn efo fi . . . ac off a fi ar y trên o Landudno i Lundain! A dyma Dad yn deud 'If you do see a girl you really fancy, don't go into bed with her, and don't get drunk', ond mi aeth y ddau beth yna allan drwy'r ffenest unwaith nes i gyrraedd!

Ar ôl cyrraedd Llundain dyma fi'n cwrdd a fy chaperone – dwi'n dal yn ffrindia mawr efo fo – a dyma fo'n mynd a fi mewn i hotel, oedd o'n sworn to secrecy hefyd amdana' i, ond be o'n i ddim yn gwbod ar y pryd oedd bod o'n gneud nodiada amdana' i yr holl amser o'n i efo fo. Ddaru nhw gymryd fy ffôn oddi arna' i, o'n i'n goro gwisgo cap yr holl amser o'n i efo fy chaperone, rhag ofn i'r wasg drio cymryd llun, o'n i'm yn cael ffôn yn fy llofft yn y gwesty . . . Ddoth y tîm cynhyrchu i weld fi, ac oedd o'n anhygoel meddwl mai dyna aeth pobo fatha Makosi ac Anthony drwyddo fo flwyddyn ynghynt . . . Ac oedd y tîm cynhyrchu yn deud 'Oh yes, I remember sitting with Anthony in thi room . . .' ac o'n i fatha, oh my god, allai'm coelio bod hyn yn digwydd!

Felly roedd rhaid i fi fynd i Wlad Belg am bythefnos efo fy chaperone – jyst fo a fi am bythefnos gyfan! O'n i'n poeni i ddechra, achos o'n i'm di cymryd ato fo i ddechra, a do'n i'm yr cael cysylltu efo neb yr holl amser o'r

na, jyst anfon negeseuon i Mam drwy
ndemol, a hi'n anfon rhai yn ôl . . .

   Ar ôl cyrraedd Brwsel aethon ni
mlaen i ryw fwthyn bach yn ganol
unlle, doedd 'na ddim byd yna! Do'n
m yn cael gwylio teledu, na gwrando
r y radio na darllen papur newydd
r holl amser o'n i yna! Roeddan ni'n
neud gweithgaredda bob dydd fatha
anŵio, beicio, cayakio a ballu, a
ond fi a'r chaperone oedd yn cael
ynd, felly roedd rhaid i'r chaperones
gyd dextio'i gilydd i ddeud lle oeddan
hw'n mynd a pryd, yn lle bod y
ystadleuwyr Big Brother yn gweld
i gilydd, achos roeddan ni gyd mewn
ythynnod ar draws Gwlad Belg yn
wla, ond ddim yn cael gwbod am ein
ilydd! Roedd o'n foi clên iawn ac yn
drych ar fy ôl i a gneud bwyd i fi bob
os, oedd o fatha ffrind gora erbyn y
iwedd. Ges i amser fy mywyd yna
li – nath Big Brother roi andros o
t o bres inni a jyst deud wrthan ni i
el amser da! Oedd o fatha gwylia! A
wy'r adeg o'n i'n meddwl no we bod
yn yn wir, dwi ddim yn mynd mewn i
ig Brother . . . Mi nes i ddiodda dipyn
ach o panic attacks yna, achos o'n i'n
oeni y bysa'r paparazzi yn dŵad ar
ôl i yn Gwlad Belg . . . a doedd yr
oll beth ddim yn gneud sens rywsut
. pythefnos yn Gwlad Belg efo fy
aperone, a wedyn syth i mewn i Big
rother!

   Ond mi
s i gyfle i
ddwl tra o'n i
a, a meddwl
t o'n i isho
d drosodd
y rhaglen,

a sut o'n i'n mynd i chwara petha
. . . O'n i'n meddwl y byswn i'n cael
fôts wrth fod yn sweet and innocent
. . . wrth beidio bitshio, a felly nes i
benderfynu rîli chwara ar y cymeriad
o'n i, achos mi o'n i reit ddiniwed, a
do'n i'm yn un am fitsho . . . A nath
o ddysgu'n reit handi mod i'n diodda
o temper tantrums os dwi'm yn cael
bwyd, achos oeddan ni'n cerdded
lawr y stryd, ac o'n i'n rîli llwglyd,
ac o'n i'n deud 'I'm hungry!' ac oedd
o'm yn gneud dim byd amdana fo, ac
yn diwedd dyma fi'n ista ganol y lôn
a pwdu, a deud 'Bloody feed me!' a
dyma fo'n rhedeg i'r siop chips i gael
bwyd i fi, achos o'n i di dechra cicio'r
pafin a bob dim, a wedyn dyma fo'n
deud 'Are you happy now, Glyn?' Dwi
heb gael strop fel'na ers talwm, ond
dyna sy'n digwydd pan dwi isho bwyd!
Ond erbyn diwedd y bythefnos oedd
o 'di dallt mai fel'na o'n i, so oedd o
bob tro yn bwydo fi'n rheolaidd, ac yn
cadw bananas yn ei fag rhag ofn o'n i'n
dechra mynd yn llwglyd pan oeddan
ni allan! O'n i fatha plentyn bach! A
dwi dal fel'na braidd . . . Ond roedd
o'n brofiad anhygoel bod yna ar wylia
ffantastic efo boi mor ddiddorol a
chlên. Ac roedd meddwl mod i'n mynd
yn syth o Wlad Belg i Big Brother yn
anhygoel o gyffrous . . .

> "Mi nes i ddiodda dipyn bach o panic attacks yna, achos o'n i'n poeni y bysa'r paparazzi yn dŵad ar fy ôl i yn Gwlad Belg . . ."

Cyfri' lawr i'r noson fawr . . .

'25 sit ups a night . . . goes for a poo after every meal . . . Glyn thinks in Welsh and speaks in English, so we've got two Welsh speakers in the House. He hates posh people . . . hates not being fed. He says he's the happiest person on earth and that everyone loves him (apart from those people booing . . .) In fact, he would like to be re-incarnated as himself, as he's just so happy. In he sprints . . . it's Glyn!'
Davina McCall.

Pan oedd hi'n amser gadael Gwlad Belg a mynd yn ôl i Lundain er mwyn mynd ar y rhaglen, roedd rhaid inni gyd fynd yn ôl ar drêns gwahanol, fel bod y paparazzi ddim yn cael llunia ohonan ni cyn y noson lawnsio. Ges i ddod yn ôl ddau ddiwrnod yn fuan fel mod i'n cael tynnu'r llunia 'na maen nhw'n rhoi allan i'r wasg reit ar y dechra, ac o'n i'n goro cerdded drwy Lundain efo hwd a chap ar fy mhen, a dwi'n cofio y twristiaid Japanese yma yn dechra tynnu llunia, ac o'n i'n meddwl mai paparazzi oeddan nhw, so nes i panicio a stopio yn y fan a'r lle, a fy chaperone yn cario mlaen i gerdded, a mi nes i golli o am funud bach, a fanna o'n i ganol Llundain efo'n Big Brother suitcase, a chap a hwd ar fy mhen, ddim yn gwbod be i neud na lle i fynd! Ond ddoth o i nôl fi wedyn a deud 'Glyn, it's ok . . . '

A wedyn roedd rhaid inni heirio car, a fi'n gorwedd yn gefn y car efo bag dros fy mhen achos roedd y paparazzi yn bob man yn chwilio amdanan ni, ac aethon ni i'r gwesty, a cael y Big Brother quiz, a nes i neud yn crap! A wedyn gneud rwbath i Big Brother's Big Mouth . . . roeddan nhw'n gofyn petha fatha, 'Have you got a gameplan Glyn?', ac o'n i'n meddwl, wel, tasa gen i un, dwi ddim yn ddigon gwirion i ddeud wrthach chi!

> " . . . dwi'n cofio y twristiaid Japanese yma yn dechra tynnu llunia, ac o'n i'n meddwl mai paparazzi oeddan nhw . . . "

A wedyn cael tynnu'r llunia 'na lle dwi yn fy nghrys coch Cymru . . . Roedd fy chaperone a fi yn cael aros yn y gwesty y noson honno, a gafon ni stafelloedd ar wahân am tjenj – dyna'r tro cyntaf i fi fod oddi wrtho fo mewn pythefnos! A wedyn goro gneud y darn fideo 'na maen nhw'n ddangos pan ti'n cyrraedd y Tŷ – y darn lle dwi mewn rhyw le du, a maen nhw'n deud wrtha ti 'Crawl to the camera in a seductive manner . . . take off some of your clothes . . . dance without music for 5 minutes . . . ' a wedyn spinio fi rownd ar olwyn a deud, 'give me three different expressions . . . give an angry look . . . give a sexy look . . . ' a ballu. Mae'n nhw'n gneud hynna er mwyn gneud i chdi edrych yn waeth nag wyt ti . . . yn rîli coci.

A'r bore wedyn – bore lawnsiad Big Brother – oedd rhaid i fi wisgo masg ysbryd fel bod neb yn gallu gweld fy wyneb i, a mynd i ista yn gefn y car a gorwedd efo tywel dros fy wyneb, a mynd i fyny grisia i mewn i ryw stafell fach fach llawn cadeiria, fatha conference room bach . . . a fan'na o'n i drwy'r dydd, yn aros i gael mynd mewn i'r Tŷ, jyst fi a fy chaperone!

Tra o'n i yna aethon nhw drwy'n siwtces i a tynnu petha allan, fatha dillad efo brands arnyn nhw – ti'm yn cael gwisgo labels ar y teledu achos ti'n hysbysebu cwmnia . . . nes i golli'n tracsiwt a rhyw drowsus arall, so mond 3 jîns oedd genna'i yn mynd mewn i'r Tŷ! Gafon ni un albym gennon nhw i wrando arno fo yn y stafell, achos doeddan ni'm yn cael gwrando ar y radio . . . gafon ni fwyd yn y stafell, nes i gysgu ar lawr yn y stafell . . . oeddan ni yna am 8 y bore, a do'n i'm yn mynd i mewn i'r Tŷ tan ar ôl 10 o'r gloch y nos!

Ac o'n i'n goro cael drugs test bob 4 awr i neud yn siŵr bo fi'n lân cyn dechra, ac o'n i'n goro cymryd Imodium tablets achos o'n i mor nerfus, ac o'n i'n deud wrth fy chaperone, 'They're going to boo me!' so oedd hynna'n chwara ar fy meddwl i . . . Nes i neud rwbath bach i BBLB, ond nath hynna mond cymryd rhyw ddau funud . . . roeddan nhw'n dŵad a bwyd inni a cynnig alcohol inni, ond ddudish i na, achos do'n i'm isho mynd i mewn i'r lle yn pissed . . . Ac o'n i yn y shorts coch na, achos oedd siwtces fi di mynd erbyn hyn . . . a dyma fi'n mynd am bi-pi a driblo

ipyn bach lawr fy shorts i! Ac o'n
m isho mynd ar y teli efo drips lawr
y shorts, so dyma fi'n stripio'n noeth
n y toilets a sychu'n shorts i dan yr
andrier!

Wedyn ges i check i neud yn siŵr
o fi ddim yn cuddio dim byd, ac
'n i wedi trio cuddio llythyr o'n i di
gwennu at Mam a Dad i mewn yn fy
eth life-buoy, ond nathon nhw ffendio
wnna a gofyn be o'n i dda efo fo, a
yma fi jyst yn deud wrthyn nhw mai
ythyr i Mam a Dad oedd o yn deud
rthyn nhw i fod yn falch ohonai, hyd
n oed os oedd pawb yn casáu fi yn y
rasg ac yn y Tŷ, a deud mod i dal isho
ldyn nhw watshad y sioe a joio fo, a
eidio poeni amdana'i a ballu, so ges i
al efo hwnna, ond dwi di deall wedyn
od nhw wedi rhoi'r llythyr i Mam a
ad, so nath o weithio allan yn iawn.

Es i mewn i'r bathrwm eto wedyn,
nes i fanijio agor ffenestri'r bathrwm
.. ac oedd y ffenestri yn wynebu'r
wyfan! O'n i'n gallu gweld rhywun
n mynd mewn, ac oeddan nhw'n cael
t o bŵ's, so ma rhaid ma Bonnie
edd hi, ac roedd yr holl oleuada yn
ychryn fi, a wedyn pwy ddoth fewn
weld lle o'n i ond fy chaperone, yn
eud 'Glyn, what are you doing?! I'm
ever letting you go to the toilet on
our own again!'

Wedyn y peth nesa
yma rhywun yn
od i mewn a gofyn
o'n i'n barod, so
yma fi'n ysgwyd llaw
o fo, a deud diolch
fawr iawn a ballu,
dyma fo'n deud pob
vc wrtha fi a nathon

ni swapio rhifa ffôn ac ebyst, cos o'n
i mor agos ato fo erbyn hynny . . .
Wedyn athon nhw â fi lawr y grisia,
ac o'n i'n goro gwisgo earphones a
clai yn fy nghlustia i fel nad o'n i'n
clŵad sŵn y dorf, a'r masg ysbryd,
so o'n i'n mynd allan o'r adeilad ac i
mewn i'r car mewn shorts lifeguard,
masg ysbryd ac efo'r petha ma dros fy
nghlustia i, a ddim yn gwbod lle o'n i'n
mynd na be o'n i'n neud!

Wedyn unwaith o'n i yn y car o'n
i'n cael tynnu'r masg, ac roedd o yn
ffrynt y car, ond aethon ni ddim yn
bell iawn, achos wrth gwrs mond
mynd o'r swyddfa at y llwyfan o'n i,
ond o'n i'm yn dallt hynny ar y pryd
. . . Dwi'n teimlo'n reit sâl hyd yn
oed yn sôn am y peth rŵan, achos
fel dwi'n siarad dwi'n gallu gweld yr
holl beth yn digwydd, a teimlo yr un
teimlada oedd gen i y noson honno . . .
mae'n beth od . . . A'r oll o'n i'n glŵad
oedd 'Bŵ! Bŵ!', ac o'n i'n gweld yr
holl paparazzi yn aros amdanai fi, ac
o'n i jyst yn deud drosodd a throsodd,
'They're booing me!' ac oedd o'n
deud 'Don't be scared Glyn, just go!' a
dyma'r dreifar yn deud 'All the best',
yn stopio'r car, a dyma fo'n mynd allan
ac agor y drws i fi, a wedyn oedd yr
holl oleuada a chamerâu yn fflashio,
a nes i jyst rhedeg trwy'u canol nhw,

"a dyma fi'n mynd am bi-pi a driblo dipyn bach lawr fy shorts i! Ac o'n i'm isho mynd ar y teli efo drips lawr fy shorts, so dyma fi'n stripio'n noeth yn y toilets a sychu'n shorts i dan yr handrier!"

Y car y gwnaeth Glyn fethu ei brawf gyrru ynddo.

> **roedd y dorf yn gweiddi 'Off! Off! Off!' arna fi! Ac o'n i'n meddwl mai isho fi dynnu dillad fi oeddan nhw!**

ac o'n i'm yn malio bod nhw'n bŵ-io fi erbyn hynny, ac roedd y paparazzi yn gweiddi 'Glyn Glyn! Turn this way!', a fanna o'n i yn mynd drwy'r crowd, a pobol yn gweiddi 'W***er!' 'D***head!' ac o'n i'n meddwl, argol fawr, dwi'n cael abiws gan y bobol yma a dwi'm di mynd i mewn eto! A dyma fi'n ysgwyd llaw efo rhai pobol, a pawb yn gweiddi arna fi, ac o'n i'n trio darllen y posteri oedd pobol yn ddal i fyny, a trio chwilio am Mam a Dad yn y crowd . . .

So dwi di cerdded drwy'r bobol i gyd, a nes i redeg fyny'r grisia at y podium a dechra chwifio'n nwylo, ac roedd y dorf yn gweiddi 'Off! Off! Off! arna fi! Ac o'n i'n meddwl mai isho fi dynnu dillad fi oeddan nhw! Ond na, isho fi fynd o'na oeddan nhw, a ddim yn licio fi! Wedyn nes i glicio bod nhw isho fi fynd, so nes i redeg fyny'r grisi at y drws, dal i chwilio am Mam a Da a codi llaw ar bawb, a pryd ddaru'r drysa agor es i mewn yn dal i glŵad y bŵ's, ac i mewn a fi!

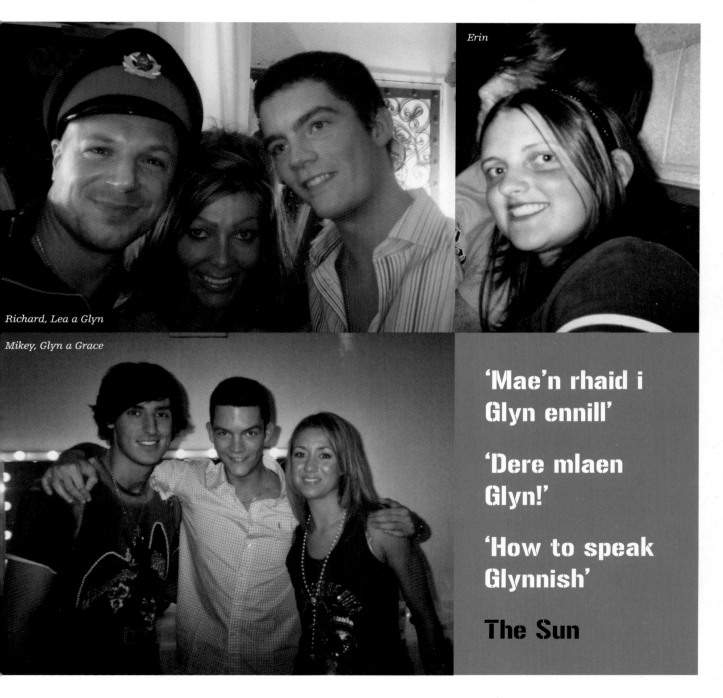

Erin

Richard, Lea a Glyn

Mikey, Glyn a Grace

'Mae'n rhaid i Glyn ennill'

'Dere mlaen Glyn!'

'How to speak Glynnish'

The Sun

Enwogrwydd ac enwogion

'O'n i'r ffan fwya erioed o Big Brother – o'n i'n gwylio'r bobol yn mynd i mewn i'r Tŷ, ac roeddan nhw fel celebrities i fi, yn enwog, yn sbeshal mewn ffordd . . . ac o'n i'n gwbod mod i isho bod fel'na hefyd.' Glyn Wise

Dydi dod allan o Big Brother yn ddim byd fel o'n i wedi meddwl oedd o'n mynd i fod. O'n i'n gwbod y byswn i'n mwynhau gwneud y rhaglen, ond o'n i'n meddwl mod i'n mynd yn syth adra wedyn! O'n i'm yn dallt y byswn i'n goro gneud modelu, mynd ar yr holl raglenni teledu yna . . . mae'r holl waith dwi di gael yn anhygoel . . . O'n i'n meddwl fyswn i'n enwog am ryw bum munud ac y bydda fo i gyd yn gorffen wedyn. Dwi di cael lot mwy allan ohono fo nag o'n i'n feddwl – symud i Gaerdydd yn un peth! O'n i'n meddwl fyswn i'n mynd yn syth i'r Brifysgol yn Bangor!

Mae bob dim wedi bod yn wych ar y cyfan . . . cael gneud y petha dwi isho gneud mewn bywyd . . . cael gwneud y llyfr yma! Dwi 'di bod isho gwneud llyfr fel hyn ers talwm! Cael mynd ar y Charlotte Church Show, mynd ar raglen efo Girls Aloud a nhw'n deud 'Glyn, we think you're fantastic', ac yn canu the egg song! A ti'n meddwl, fflipin hec, Girls Aloud di rhein! A Nelly Furtado yn gwbod pwy o'n i . . . cerdded lawr y stryd a Charlotte Church yn deud 'Hello Glyn, how are you?' A pan es i i ryw premiere yn Llundain, ac o'n i ar y carped coch a Michael Douglas o 'mlaen i, ac roedd y paparazzi i gyd yn gweiddi 'Glyn!' ac o'n i isho gweiddi yn ôl 'Dach chi di gweld pwy sy fanna? Michael Douglas!' Mae petha fel'na yn anhygoel.

Ond mae 'na ochr arall i fod yn enwog. Pan dwi'n mynd allan yng Nghaerdydd mae 'na hogia yn dod ata fi a deud, 'I just want to tell you that you're a twat', a dwi jyst yn deud 'Thank you very much' a cherdded i ffwrdd! Mi gai abiws fel'na rhyw bedair gwaith mewn noson allan. Maen nhw'n pwshio mewn i fi pan

"... mae 'na hogia yn dod ata fi a deud, I just want to tell you that you're a twat', a dwi jyst yn deud 'Thank you very much' a cherdded i ffwrdd!"

> "Dan ni gyd yn goro gweld y seicolegydd bob hyn a hyn i tjecio bo ni'n ocê, ac os byth dan ni isho'i weld o ar fyrder, mi gawn ni."

dwi wrth y bar, dechra arna fi yn y toilet, a gai lot o betha geiriol . . . Ond ar yr un pryd mi gai genod yn lluchio eu hunain ata fi, ac yn deud 'Sleep with me tonight' a ballu! Ti wastad yn cael y drwg efo'r da yn dwyt!

Mae lot o bobol sy'n gwneud Big Brother yn cwyno wedyn am y ffordd maen nhw wedi cael eu portreadu, ond sut bynnag wyt ti'n cael dy ddangos yn y rhaglen, mae 'na elfen o hynna ynddot ti. Fedran nhw ddim creu cymeriad i chdi. Yndyn, maen nhw'n medru amlygu rhai elfenna ohonat ti, ond ar ddiwedd y dydd mae'n rhaid dy fod ti fel'na i ryw radda, neu fyddan nhw'n methu dy ddangos di fel'na. Mae Grace yn enghraifft berffaith o hynny – o'n i'n cael lot o hwyl efo hi yn y Tŷ, ond roedd lot o ddarna bitchy yn cael eu dangos ar y rhaglen, fatha hi'n galw Sam yn 'Shrek', ac Aisleyne yn 'drowned rat' a ballu, a lluchio'r

dŵr ar Susie wrth gwrs, felly roedd hi'n dod allan ohono fo'n wael. Ond wedyn roedd hi wedi gwneud y petha yna, felly ddyla hi wedi ei ddisgwyl o i raddau. A hefyd roedd Pete yn ddiflas iawn yn y Tŷ, jyst gorwedd o gwmpas a ballu, a fo nath ennill achos roedd y darna bach diddorol ohono fo yn cael eu chwara fyny i fod yn fwy nag oeddan nhw . . . Dwi'n meddwl weithia mai Big Brother sy'n dewis pwy sy'n ennill wrth bortreadu pobol mewn ffordd arbennig . . .

Pan ti'n dod allan, ti'n cael bob dim am ddim, ti'n cael dy shampŵ, dy ddillad, bob dim am ddim – dwi'm di goro talu am ddim byd tan leni rîli, a dwi'n dal i gael diodydd am ddim ym mhob clwb nos. Dwi'n meddwl bod rhai o'r lleill wedi ffendio fo'n anodd addasu i'r byd tu allan, a ma rhai di bod yn crio wrth fynd i weld y seicolegydd a ballu . . . Dan ni gyd yn goro gweld y seicolegydd bob hyn a hyn i tjecio bo ni'n ocê, ac os byth dan ni isho'i weld o ar fyrder, mi gawn ni.

Mi es i i weld y seiciatrydd tua hanner ffordd drwy Big Brother, a dyma fo'n deud, 'You have to remember that this isn't really Glyn world, it's Big Brother, and you are going to get evicted and go home!' A mi wnes i anghofio bod 'na fyd mawr y tu allan i Big Brother am gyfnod. O'n i'n meddwl mod i'n mynd i fod yna am byth! Ond mae siarad efo seicolegydd fel siarad efo Dad rîli, ti jyst yn sôn am dy fywyd a dy deimlada. Dwi 'di gweld o unwaith ers dod allan o Big Brother, a dwi ddim 'di bod angen weld o wedyn rîli. Ond dwi'n gwbod fyswn i' medru taswn i isho.

Y tro dwytha nes i weld o oedd achos o'n i jyst ddim yn teimlo'n hapus nddo fi fy hun, ond dwi'n meddwl mai blinder oedd o yn y bôn. Nes i fynd 'n ddifynadd efo bob dim am gyfnod. Dwi di bod yn rîli isel ar un adeg . . . nes i ddechra meddwl mod i ddim 'n bodoli ddim mwy, bod 'na ddim 'Glyn' ddim mwy . . . jyst rhyw foi ma bawb yn sbio arno fo . . . Roedd hynny 'an oedd petha'n mynd yn ormod fo'r holl PA's a rhaglenni teledu a modelu. Es i am 3 diwrnod heb gwsg 'nwaith! Hedfan yn ôl a blaen rhwng Manceinion a Glasgow dwn im faint weithia, tacsis o un maes awyr i un rall . . . roedd fy mhen i'n troi ar ei diwedd o. Roedd Emma fy asiant yn ofyn sut yn y byd nes i neud o i gyd, nd o'n i'n benderfynol o'i neud o ar pryd, er ei bod hi wedi cynghori fi i eidio, ond o'n i isho gneud cymaint g o'n i'n medru tra bod pobol yn dal ofyn i fi neud petha. Dwi'n teimlo'n wcus i gael y cyfle.

Be sy di helpu fi ar ôl dod allan di gwneud ffrindia efo pobol fel Maxwell a Makosi o'r gyfres cynt. wi'n ffrindia da efo Maxwell a mae o i helpu fi lot, a rhoi cyngor i fi am sut handlo petha. Er, mi nath o gyfadda od o'n teimlo'n flin yn gweld ni i gyd n mynd mewn i'r Tŷ tro dwytha, chos roedd o'n gwbod ein bod ni'n ynd i gymryd y sylw oddi arno fo ewn ffordd . . . Ac erbyn hyn dwi'n allt sut mae o'n teimlo!

Ond ma rhaid iti dderbyn y ffaith mai production line ydi Big Brother . . mae 'na wastad deg ffrîc arall yn arod i fynd i mewn!

friday 10th november
big brother's national hero
Glyn Wise

"nes i ddechra meddwl mod i ddim yn bodoli ddim mwy, bod 'na ddim 'Glyn' ddim mwy . . . jyst rhyw foi ma pawb yn sbio arno fo . . .

newport's premier nightclub, have you checked it out yet?
escapade

Y ffans

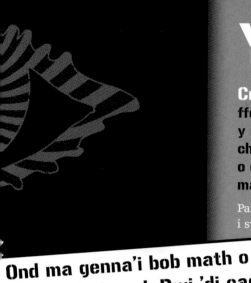

Cristi o Lanffestiniog 'Dwi'n licio Glyn am bod o'n dŵad o ffor'ma, a mae o'n grêt bod rhywun local 'di cael y cyfle i neud y rhaglen. Odd bob dim odd o'n neud ar y rhaglen yn gneud i fi chwerthin, oedd o'n grêt doedd? Y darn mwya doniol odd pan nath o gwcio'r pasta na, oedd genno fo ddim cliw! Mae 'di gneud lles mawr i Blaena a bob man ffor'ma . . .'

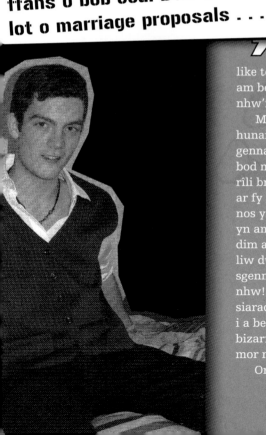

> Ond ma genna'i bob math o ffans o bob oed. Dwi 'di cael lot o marriage proposals . . .

Pan ddoish i allan o Big Brother, mi nes i sylweddoli yn fuan iawn bod gen i lot fawr o ffans, oedd yn dipyn o sioc ar y pryd! Dwi'n cofio'r hogan gwallt melyn 'ma'n dod atai yn rwla, a deud 'You remember when you said you wanted girls to line up at your door, well me and my friends would like to line up!' Ac o'n i'm yn gwbod am be oeddan nhw'n sôn, a pam bod nhw'n cynnig eu hunan i fi fel'na!

Ma lot o genod jyst yn taflu'u hunain ata'i mewn clybia nos, ond mae gennai'r die hard fans, ac mae gwbod bod nhw yna yn cefnogi fi yn deimlad rîli braf tu fewn. Maen nhw'n mynd ar fy ngwefan i, ac maen nhw yna bob nos yn trafod y petha dwi'n gwneud ac yn annog fi. Maen nhw'n gwbod bob dim amdana fi! Maen nhw'n gwbod pa liw dwi'n licio, pa siopa dwi'n mynd i, sgenna'i ddim cyfrinacha oddi wrthyn nhw! Dwi'n mynd i'r wefan weithia i siarad yn ôl efo nhw a deud sut ydw i a be sy'n mynd ymlaen . . . Mae o'n bizarre am wn i, ond mae o'n deimlad mor neis i wbod bod nhw yna.

Ond ma genna'i bob math o ffans o bob oed. Dwi 'di cael lot o marriage proposals, dwi 'di cael lot o genod yn sgwennu ata'i isho bod yn gariad i fi, a dwi 'di cael lot o blant yn gyrru petha ata fi – ges i fideo gan un hogyn bach, roedd o 'di rhoi llunia gwahanol ohona fi at ei gilydd efo caneuon yn y cefndir, roedd o'n rîli da. Mae'n beth neis bo chdi'n medru gneud diwrnod rhywun yn sbeshal drwy jyst anfon llythyr neu lofnod atyn nhw, a ma nhw bob tro mor hapus i gael rwbath gen i.

Yn y dechra o'n i o hyd yn cael pwdin gwaed drwy'r post gan fy ffans, achos mod i 'di deud ar Big Brother mod i'n licio fo! O'n i bob tro'n gwbod mai dyna be oedd o achos oedd o'n dŵad mewn parsal siâp sosej! O'n i'n caru pwdin gwaed cyn ac yn ystod Big Brother, ond rŵan dwi 'di cael gymaint ohono fo mae o'n troi arna'i. Dwi'n cael pobol yn dŵad ata'i efo llond eu pocedi o bwdin gwaed ac yn trio rhoi o i fi a . . . Mae o'n gneud fi'n sâl! Dwi'm 'di byta pwdin gwaed er dod allan o Big Brother!

Pan dwi'n mynd allan i glybia nos mae 'na bob tro pobol yn cynnig prynu diod i fi, sy'n rîli neis, ond os dwi'n gweithio mewn clwb nos nai byth

dderbyn diod gan rhywun achos os na dwi wrth eu hochr nhw pan maen nhw'n ordro fo, dwi'm yn gwbod os dio 'di cael ei sbeicio ta be. Ti'n goro bod yn ofalus.

Ond ma cael diodydd am ddim yn grêt, a ma pobol yn glên iawn. Fatha ddoe, o'n i'n goro mynd lawr at yr optegydd achos o'n i 'di sefyll ar fy sbectol yn ganol y nos, ac o'n i'n cerdded lawr trwy'r Bae, a dyma'r genod 'ma i gyd yn rhedeg allan o'r pyb 'ma a gofyn i fi fynd am ddiod efo nhw, a nathon nhw roi diodydd i fi a ges i uffar o laff efo nhw, a'r oll o'n i'n goro neud oedd ista ar eu glinia nhw a chael tynnu'n llun i efo nhw, sy'n wych dydi! Ges i ambell sws hefyd 'de, ac oeddan nhw'n genod del!

Dwi'n meddwl mai bocha fi 'di'r rhai sy 'di cael eu swsio fwya yn y wlad! Ma pobol yn dod ata'i yn y stryd a cusanu a hygio fi. Nes i noson mewn clwb nos unwaith, a nes i snogio 64 merch mewn un noson! Oedd o'n laff. Os 'di'r hogan yn rîli del nai gusanu hi'n iawn, ond os 'di hi ddim yn ddel dwi'n teimlo'n giami yn peidio cusanu hi, achos ma hi 'di gweld fi'n cusanu pawb arall, so na'i jyst smalio dipyn bach . . .

Dwi'n cofio ar un adeg o'n i'n gneud y PA's 'ma rownd yr holl glybia nos, ac o'n i mor flinedig a rundown ges i tonsileitus, ac o'n i'n dal i snogio'r genod 'ma! So dwn im faint o genod ath adra efo tonsileitus adeg hynny 'de!

Ar y cyfan dwi wrth fy modd efo'r

sylw, ond weithia ma pobol yn mynd ar fy nyrfs i . . . weithia sgen ti ddim mynadd . . . ond ar y llaw arall os a'i allan a neb yn sbio fawr ddim arna'i, dwi'n dechra poeni bo fi ddim yn enwog ddim mwy! So dwi ddim yn siŵr cweit be dwi isho chwaith!

Fysa fo reit hawdd mynd i'r gwely efo rhai o'r ffans . . . fyswn i'n medru cael hogan wahanol ar ôl pob PA dwi 'di gneud, ond er mor neis ydi o i gael ffans yn rhoi eu rhifa ffôn yn dy boced di a ballu, dwi'm isho hogan fel'na . . . dwi isho hogan sy ddim isho rhywun o Big Brother, ond sydd jyst isho Glyn . . .

Mae genna'i grŵpis sy'n troi fyny ym mhob clwb dwi'n gweithio ynddo fo, bob tro yn eu dillad achub bywyd . . . a dwi'm cweit yn dallt hynna achos dwi 'di rhoi llofnod iddyn nhw unwaith, i be ma nhw isho un arall bob munud! A dwi'n deud yr un un petha yn bob un clwb, so ma rhaid bo o'n rîli boring iddyn nhw!

Dwi'n cael pob math o betha drwy'r post gan rai o'r ffans . . . dwi'n cael crysa-T gen un ffan, dwi 'di cael cadwyn ganddi, oriawr, walkman, albyms gwahanol . . . Dwi 'di cael lot o betha efo'r ddraig goch arnyn nhw . . . dwi 'di cael bocs mawr o pork scratchings gen rhywun, dwi 'di cael llyfra coginio – er dwi'm yn deall

> " mae 'na wastad pobol newydd yn dŵad ar y trên, yn deud 'Oooh look it's Glyn!' A'r un un sgyrsia ti'n gael bob tro . . .

hw chwaith! – dwi 'di cael lot o egg
mers, a llwy bren, majorettes baton,
ob math o betha . . . dwi 'di cael lot o
ras yn cael eu taflu ata'i hefyd . . . a
an dwi ar y llwyfan dwi'n cael sana,
icars, rhosod . . . a photeli ar fy mhen
an yr hogia 'de!

Yr ochr ddrwg i'r cyhoeddusrwydd
di mod i'n cael hogia yn trio dechra
rna fi, rhoi slap i fi, galw fi'n dwat,
huddo fi o drio dwyn eu cariadon
hw . . . Dwi 'di dysgu rŵan bod y
ilets yn beryg . . . dwi'm yn medru
ael pishiad yn yr iwreinal, dwi bob
o yn goro mynd i ciwbicl. Ar y
echra ges i'n nghynghori i fynd â un o
rindia fi efo fi i'r toilet, ond fel hogyn,
'm isho neud hynna . . . so dwi jyst
n trio bod yn sydyn! Ges i foi yn
witshad amdana'i tu allan i'r toilets
n Llanrwst a dechra arna' . . . doedd
ynna ddim yn neis. Ond ma rhaid ti
st derbyn o os tisho bod yn enwog
. mae 'na lot o genfigen. Ond dwi
i cael amser gwych iawn ar y cyfan,
taswn i'n cael fy amser eto fyswn i
endant yn gneud Big Brother.

Mae'n lwcus mod i'n eitha
wynhau cael fy adnabod, achos
drai byth fynd allan heb i rywun
bod pwy ydw i. Hyd yn oed pan
wi'n gwisgo shades a cap baseball
wi o hyd yn cael fy nabod! Allai byth
d yn incognito! Ma bildars bob tro
n nabod fi, ac yn gweiddi 'Glynno!'
nd dwi'n meddwl bod genna'i gorff
or dal a thena, dwi'n meddwl bo fi'n
drych reit wahanol i bobol erill . . .
wi'm yn blendio mewn i growd!

Ma pobol yn gofyn am lofnod neu
n bob man dwi'n mynd, a weithia
ae o'n rîli anghyfleus, a wedyn dwi

byth yn gwbod be i neud, achos ar
ddiwedd y dydd nhw di'n ffans i, a
dwi'm isho deud na iddyn nhw. Ond
dwi'n cofio un tro o'n i'n mynd i'r
orsaf drena, ac o'n i'n hwyr fel oedd
hi, a dyma rhywun yn stopio fi a gofyn
am lun, a dyma fi'n deud na, a wedyn
dyma nhw'n deud 'But we voted for
you!', so ddudish i, 'Oh, ok then', a
wedyn mi gollish i'r fflipin trên o'u
herwydd nhw! So dwi yn medru bod
yn rhy neis hefyd!

Ond ma lot o bobol reit feddylgar
chwara teg, a dwi'n cofio mynd allan
am fwyd efo'n chwiorydd a meddwl,
duwcs, dwi'n cael llonydd yn fa'ma,
a wedyn unwaith nes i ddechra
mynd o'na ddaeth pawb amdana'i yn
gofyn am lofnod, ond o leia
oeddan nhw 'di aros imi gael
gorffan 'y mwyd . . .

Dwi'n teithio lot nôl a
blaen o'r gogledd i'r de, a
dwi'n mynd ar y trên gan
mod i heb basio mhrawf
gyrru eto. Ma mynd ar y trên
yn hunllef ynddo fo'i hun . . .
Ti'n mynd drwy gymaint o
steshons gwahanol, a mae 'na wastad
pobol newydd yn dŵad ar y trên, yn
deud 'Oooh look it's Glyn!' A'r un un
sgyrsia ti'n gael bob tro . . . pwy dwi
dal mewn cysylltiad efo . . . siarad am
y tasga gwahanol gafon ni . . . canu'r
egg song . . . a hyd yn oed pan dwi'n
smalio cysgu er mwyn osgoi cael
fy haslo, dwi'n clŵad sŵn cameras
yn mynd, a pobol yn tynnu'n llun i!
Hyd yn oed pan dwi efo het dros fy
ngwyneb ma nhw'n dal i dynnu'n llun
i! Dwi'm yn dallt hynna de . . .

Hefo plant Ysgol Pentreuchaf

> **Dwi 'di dysgu rŵan bod y toilets yn beryg . . . dwi'm yn medru cael pishiad yn yr iwreinal, dwi bob tro yn goro mynd i ciwbicl.**

Yn y clwb rygbi

Gair gan y ffans

Jane o Fali

'Roedd Glyn yn gneud i chdi chwerthin! Mae o 'di rhoi argraff dda o Gymru, yn enwedig yn y speech nath o yn deud bod o am gefnogi Plaid Cymru, ac mae'r ffaith bod o ac Imogen wedi siarad Cymraeg – mae'n dangos i bobol bod na ffasiwn beth a iaith Gymraeg. O'n i 'di dychryn bod Big Brother 'di deud i ddechra bod nhw ddim yn cal siarad Cymraeg – odd hynny'n gwilydd o beth. Fyswn i'n licio tasa fo'n curo! Nes i ffonio ddigon o weithia! Es i draw i Blaena o Fali ar gyfer noson y ffeinal, a campio yn y glaw a bob dim!'

Nerys o Ddolwyddelan

'Mae Glyn 'di bod yn hollol naturiol yn y Tŷ, fatha hogyn o'i oed. Dio'm 'di trio ffugio dim byd, nac actio fyny i'r camera. A mae o 'di rhoi Blaena a gogledd Cymru ar y map, a dangos i bobol bod yr iaith Gymraeg yn bodoli. Hoff ddarn fi odd pan odd Nikki yn cael strops yn y Tŷ, a phawb arall yn colli mynadd a mynd yn flin, ond roedd Glyn jyst yn chwerthin ar ei phen hi! Mae o jyst yn hogyn lyfli!'

Marion o Ddolwyddelan

'Nath Glyn aeddfedu drwy'r rhaglen i gyd. Yn yr wsnos gynta o'n i'n meddwl fysa fo allan ar ei ben, ond ar ôl yr wsos gynta roedd o'n fo'i hun, a nath o'n grêt. Y noson nath o yfed y siampen a chwdu yn bob man, hwnna dwi'n gofio fwya amdano fo, bechod! Mae o 'di gneud lles mawr i ogledd Cymru, a rŵan ma Saeson yn dallt bod na bobol yng Nghymru yn siarad Cymraeg.'

Anwen o Ddolwyddelan

'Roedd Glyn yn fo'i hun yn Big Brother, ac roedd o'n ffantasic i'w weld o. Mae o 'di codi proffeil yr iaith Gymraeg, a rŵan mae pobol yn gwbod bod yr iaith yn fyw. A nes i chwerthin ar ei ben o gymaint, mae o mor ddoniol! Roedd o'n grêt fod na ddau siaradwr Cymraeg 'di bod yn y Tŷ, mae o 'di bod yn wych i Gymru. Mae na bobol Cymraeg 'di bod ar y rhaglen o'r blaen, fatha Helen Adams, ond does na rioed neb 'di siarad Cymraeg arno fo o'r blaen. Mae'n wych!'

Sara Jones, Caerdydd

'Mae Glyn 'di gneud lot dros Gymru, yr iaith Gymraeg ac S4C, ac mae'r ffaith bod o 'di siarad Cymraeg efo Imogen wedi bod yn dda iawn i'r iaith, ac wedi hybu diddordeb pobol mewn dysgu siarad Cymraeg. Pan welish i fod na ddau yn siarad Cymraeg yn y Tŷ, o'n i'n gallu deud y bysa Glyn isho siarad Cymraeg efo Imogen, gan bod o'n dod o le Cymraeg iawn, ond do'n i ddim mor siŵr am Imogen, achos ma hi'n swnio fatha bod hi'n dod o Gaerdydd! Ond pan nathon nhw neud, o'n i mor falch. Hoff ddarna fi oedd pan odd Glyn yn deud 'you know what I mean?' bob munud, a chân yr wy!'

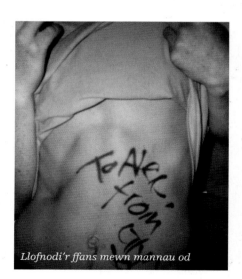

Llofnodi'r ffans mewn mannau od

41

Genod Glyn

'Y genod ti'n rhoi ar dy walia ydi rhai fatha Lea ac Aisleyne. Pan o'n i'n byw adra roedd genna'i bosteri o Victoria Silvestedt, Abi Titmuss, Jennifer Ellison . . . ac o'n i'n licio Alex Jones o Hip Neu Sgip, ma hi'n rîli dlws. A ma 'na rwbath rîli del am Heledd Cynwal o Wedi 7!'

Ddudodd Emma fy asiant wrtha fi ar y dechra i beidio mynd efo merched . . . a ma hi'n dal i ddeud hynny hyd heddiw rîli. A fedra'i ddeall ei safbwynt hi, achos sbia be ddigwyddodd i Gareth Gates efo Jordan . . . aeth ei fywyd a'i yrfa fo ar chwâl ar ôl mynd efo hi . . . a be ma' Emma yn ddeud ydi bod 'na genod sydd jyst isho bod yn enwog, a mi wnawn nhw rwbath i fod yn enwog, a'r unig beth maen nhw isho gneud ydi mynd i'r gwely efo chdi er mwyn cael sôn am 'My romp with Glyn' yn y papura . . . so ma rhaid i fi watshad hynna.

Ges i'n llun i yn y darn 'snapped' yn cylchgrawn Heat yn snogio hogan ryw dro, a nath Emma ffonio fi yn syth bin a gofyn be odd 'di digwydd, ond nes i jyst deud bod o ddim yn big deal, a bod o'n edrych yn waeth nag oedd o! Achos chwara teg iddi hi, ma hi'n meddwl am fy nelwedd i, a pha fath o waith dwi'n mynd i gael . . .

Y peth efo genod ydi . . . does 'na'm plastic surgery yn Blaena nagoes . . . siŵr fysa neb yn gallu fforddio fo yn un peth, a does 'na'm rîli plastic surgery yng Ngwynedd, ddim i fi wbod eniwe . . . a ma brestia mawr yn betha ma pob dyn, pob hogyn wrth eu bodd efo nhw, dwi'n meddwl . . . a dyna pam bod y Sun yn cael ei brynu gan gymaint o ddynion. Dyna 'di breuddwyd pob dyn, hogan gwallt melyn efo brestia mawr!

Ma pawb yn gwbod 'mod i 'di ffansio Lea yn ofnadwy tra o'n i yn Tŷ Big Brother, ond pan es i mewn yna i ddechra, a nes i'm sylwi arni a'i brestia i ddechra, achos ti dal mewn sioc ar ôl cyrraedd y lle a mynd drwy'r crowds a bob dim, so es i i ngwely ar ôl siarad dipyn bach efo pawb, ac

> "Y peth efo genod ydi . . . does 'na'm plastic surgery yn Blaena nagoes . . ."

adeg hynny o'n i heb rîli sylwi arni. Wedyn nes i ddeffro yn y bore, sbio i'r dde, a dyna lle oedd Lea yn gorwedd yn y gwely, a dyma fi'n meddwl, argol fawr, sbia rheina! Andros o bâr! Doedd o'm yn gyfrinach 'mod i'n ffansio hi, a ma hi'n licio sylw eniwe!

Nes i ddeud wrth Sezer am 3 o'r gloch y bore ryw noson 'mod i'n ffansïo hi, a felly mi nath o setio fyny'r lapdans i fi. So roedd Sezer yn help i fi mewn ffordd,

er nad oeddan ni byth yn agos iawn. O'n i'n licio Lea hefyd am bod hi ddim yn dena dena, mae'n neis cael dipyn bach o gnawd ar hogan dydi! Fel mae'n deud yn drama'r Tŵr, 'Fyswn i'm yn licio mynd i'r gwely efo ffrâm beic'! A ma 'na rwbath rîli del, deniadol a secsi am Lea . . . a pan nes i ffendio allan wedyn bod hi 'di bod mewn porn, oedd hynna'n rîli secsi hefyd . . . Ond eto oedd na fwy iddi hi na hynna – roedd hi'n edrych ar fy ôl i ac yn ffeind efo fi, ac o'n i'n licio'r ffordd oedd hi'n siarad . . . yn rîli goman! O'n i rioed 'di clwad hogan yn siarad fel'na o'r blaen! A ma pob un hogyn yn licio dynas hŷn yn dydi . . . Ia, wedyn ei hedrychiad hi a'i phersonoliaeth hi nath ddenu fi ati.

Ond mewn bywyd go iawn . . . taswn i'n mynd allan efo hogan fel Lea go iawn . . . dwn im, fysa fo'n anodd mae'n siŵr, achos mae genni hi frestia mor fawr, a mae hi'n cael cymaint o sylw gan ddynion . . . A dwi'n meddwl weithia a ydi hi'n hapus ynddi hi ei hun, achos mae hi 'di cal cymaint o plastic surgery, ma rhaid bod hi ddim yn hapus, felly ella fysa hynna'n gneud petha'n anodd hefyd, tasa ti mewn perthynas efo hi. Mae rhaid i chdi drystio rhywun mewn perthynas, a tasa dynion a hogia i gyd yn sbio ar Lea a finna'n gariad iddi, dwi'n meddwl fysa hynna'n gwylltio fi, a fyswn i'n meddwl be sy'n mynd ymlaen tu ôl i 'nghefn i ella . . .

I fechgyn, mae gen ti ddwy hogan – gen ti'r hogan tisho priodi, a ma gen ti'r hogan tisho mynd i'r gwely efo hi, ac isho mynd i gwely efo Lea o'n i . . .

Y math o ferch swn i'n licio priodi . . . wel, does 'na'r un o genod Big

Imogen a Lea

Brother yn rhai fyswn i isho priodi dwi'm yn meddwl . . . Mae 'na rwbath am Aisleyne, mae hi mor dlws, ac ma hi'n fengach na Lea, dwi bron â bod yr un oed a mab Lea! Mae 'na ochr sensitif iawn i Aisleyne, mae hi reit grefyddol, ma hi'n meddwl am bobol eraill ac yn cysuro pobol pan oeddan nhw 'di ypsetio, roedd hi'n helpu pobol allan os nag oeddan nhw'n dallt rwbath. Gath hynny byth ei bortreadu yn y rhaglen, ond dyna sut o'n i'n ei gweld hi, ac mae rheina i gyd yn rinwedda neis i gael mewn partner neu wraig. Ma hi'n hogan gry tu fewn, achos ma hi 'di bod drwy lot yn ei bywyd . . . o'n i'n licio Aisleyne.

Dwi ddim wedi cael llawer o gariadon ers dod allan o'r Tŷ. Dwi 'di cael ffling bach efo dwy hogan, ac roedd y ddwy ferch – un Gymraeg, un Saesneg – union 'run fath â'i gilydd, yn yr ystyr bo nhw isho cael eu gweld efo fi, isho dipyn bach o'r enwogrwydd sydd gen i. A ma hynna'n gneud fi mor drist. Dwi isho iddyn nhw fod yn hapus i fod efo Glyn, ddim Glyn o Big Brother. Ac unwaith maen nhw'n dechra holi lle mae'r paparazzi a petha fel'na, dwi'n mynd off y syniad yn syth. A mae'n gneud chdi'n baranoid.

Roedd un o'r genod yna yn debyg i Lea, a'r llall yn debyg i Imogen . . . yn hynod o dlws. Dydi'r ddwy berthynas dwi 'di gael ers bod yn y Tŷ heb weithio allan, achos yn y bôn, roedd y ddwy isho mwy na be ydw i, a be dwi'n fodlon ei roi. Dwi isho perthynas normal, ddim mynd i lefydd er mwyn cael tynnu fy llun efo hogan a ballu . . . Maen nhw'n licio be sy'n dod efo fi fwy na maen nhw'n licio fi ar ddiwedd y dydd.

Roedd lot o genod Big Brother yn dlws, ond pan ti yn y Tŷ ti'n anghofio bod 'na fyd tu allan, a fyswn i ddim isho mynd efo 'run ohonyn nhw go iawn mae'n siŵr, ond pan ti mewn Tŷ efo nhw am wythnosau, ti'n meddwl mai nhw 'di'r unig genod yn y byd! Mae Imogen yn andros o hogan ddel, ond am bod ni mor agos o'n i'n methu gweld hi fela chwaith . . . roedd hi mwy fatha chwaer

Es i weld dynas deud ffortiwn yn ddiweddar, a mi ddywedodd hi 'mod i'n mynd i briodi a chael tri o blant, ond 'mod i ddim yn mynd i gael cariad go iawn am dair blynedd . . . sydd ella yn beth da gan 'mod i mor ifanc. Gawn ni weld!

> **Dydi'r ddwy berthynas dwi 'di gael ers bod yn y Tŷ heb weithio allan, achos yn y bôn, roedd y ddwy isho mwy na be ydw i, a be dwi'n fodlon ei roi.**

Glyn, Imogen, a'r 'siarad mewn cod'

'Glyn thinks in Welsh but he speaks in English, so we've got two Welsh speakers in the House this year . . . ' Davina McCall

'Dwi'n meddwl mai set-yp oedd yr holl beth efo rhoi row i fi ac Imogen am siarad Cymraeg. Os dach chi'n meddwl am y peth, roeddan nhw'n gwbod ein bod ni'n dau yn medru siarad Cymraeg, o'n i 'di rhoi ar fy ffurflen gais mod i'n 'very patriotic', ac roeddan nhw siŵr o fod yn gwbod y bysa nhw'n achosi andros o ymateb yng Nghymru wrth drio'n stopio ni rhag siarad Cymraeg. A fi gafodd fy ngalw i'r Diary Room i gael row am y peth, a dwi'n meddwl mai'r rheswm am hynny oedd eu bod nhw'n gwbod y bysan nhw'n cael ymateb gen i . . . Tasa nhw 'di gofyn i Imogen beidio siarad Cymraeg, ella fysa hi wedi derbyn y peth i ddechra.

Er mwyn i Big Brother lwyddo, mae'n rhaid iddyn nhw gael gwrthdaro ac elfennau dadleuol, a dwi'n meddwl bod nhw'n gwbod yn iawn be oeddan nhw'n neud . . .

Un o'r bwriadau oedd gen i wrth fynd i mewn i'r Tŷ oedd hybu'r iaith Gymraeg, ac roedd cael Imogen yna yn gwneud hynny'n haws, achos o'n i'n cael defnyddio'r iaith bob dydd. Ond pan oedd Imogen a fi yn siarad Cymraeg yn y Tŷ, nes i ddim rîli cysidro y bydda fo'n cael ei ddangos i'r ffasiwn raddau, achos ar ddiwedd y dydd, rhaglen Saesneg ydi Big Brother, ac o'n i'm yn meddwl y bysan nhw'n boddran dangos y sgyrsia Cymraeg, heb sôn am gael cyfieithydd.

Nes i ddim dallt bod Imogen a fi wedi cael y fath effaith am tua wythnos ar ôl dod allan o'r Tŷ, achos es i ddim yn ôl i Gymru am sbelan fach, wedyn do'n i'm yn sylweddoli. Ond mi nes i ddechra meddwl bod na rwbath wedi digwydd pan ddoth na bobol atai ar y stryd yn Llundain a deud petha wrtha'i yn Gymraeg! Ond hyd yn oed wedyn nes i ddim sylweddoli yn iawn, ddim tan i bobol ista fi lawr ac esbonio yn iawn wrtha'i.

Roedd cael Imogen yn holl bwysig i fi ar lefel bersonol hefyd. Does na ddim lot o Saesneg yn Blaena, ac o'n i'n cael trafferth cyfathrebu ar y dechra, ac roedd cael hi yna yn gymaint o help. Yn yr wythnos gynta nathon ni'm

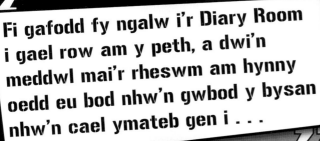

> "Fi gafodd fy ngalw i'r Diary Room i gael row am y peth, a dwi'n meddwl mai'r rheswm am hynny oedd eu bod nhw'n gwbod y bysan nhw'n cael ymateb gen i . . ."

Achub iaith

mae'n gyd-ddigwy⟨...⟩
rhai pethau wrthan⟨...⟩
iaith.

Bum mlynedd w⟨...⟩
Jones dynnu nyth ⟨...⟩
ben trwy ddweud, ⟨...⟩
ar dafod, faint o'r ⟨...⟩
yr iaith Gymraeg ⟨...⟩
Cymraeg yn y gogle⟨...⟩

Mae'r gwaith o hybu
ac achub iaith yn

⟨...⟩fyd Deddf yr Iaith Gaeleg y ⟨...⟩werannau.

⟨...⟩yn yn rhoi Cymru ar y map

⟨...⟩lwg i bawb oedd yn dilyn y rhaglen realiti Y Brawd Mawr fod bywyd Glyn Wise wedi newid yn gyfangwbl. ⟨...⟩c ifanc, 18 oed wedi aeddfedu, yn llythrennol, o flaen ein llygaid. Mae o wedi troi o fod yn fachgen di-⟨...⟩wil yn ei arddegau i fod yn ddyn ifanc, hyderus. ⟨...⟩nnwrf ym Mlaenau Ffestiniog ddydd Gwener diwethaf yn brawf o boblogrwydd Glyn ac roedd Cymru tu ⟨...⟩at y cant.

⟨...⟩ag yw eich barn am Y Brawd Mawr, mae Glyn wedi rhoi Cymru a'r Gymraeg ar y map.

Y Gymraeg yn fuddugol ar y Brawd Mawr

YR iaith Gymraeg yw gwir enillydd Brawd Mawr 2006 yn ôl Alun Pugh, y Gweinidog dros Diwylliant, yr Iaith Gymraeg a Chwaraeon.

Ymunodd Alun Pugh gyda'r mwyafrif o Gymry i ddathlu llwyddiant Glyn Wise o Flaenau Ffestiniog, a ddaeth yn ail yn y rhaglen realiti, y Brawd Mawr 2006.

Dywedodd Alun Pugh: "Mae Glyn wedi bod yn llysgennad gwych dros Gymru a'r iaith Gymraeg yn nhy y Brawd Mawr. Mae ei sgyrsiau ef ag Imogen yn sicr wedi codi proffeil yr iaith Gymraeg a newid agweddau pobl tuag at Gymru a'r iaith."

"Rwy'n gobeithio fod ei gariad at Gymru a'r iaith, a'i boblogrwydd tu fewn a thu allan i'r ty yn ysbrydoli mwy o bobl yng Nghymru i siarad a dysgu'r Gymraeg."

"Hoffwn i longyfarch Glyn ar ei ganlyniadau Lefel 'A' a rwy'n falch fod e wedi sicrhau lle ym Mhrifysgol Bangor. Fel cym athro fe alla' i ddweud o brofiad bod dysgu am brofiestwn gwych. A fel person sydd wedi dysgu'r iaith rwy'n falch ei fod e eisiau defnyddio'i dalentau i basio'r iaith ymlaen i fwy o bobl."

Golwg

gneud lot efo'n gilydd, achos o'n i mor ifanc a geeky, ac oedd ganddi hi ei clique pobol Llundain, felly doedd hi'm rîli angen fi. O'n i'n dibynnu arni hi, ond doedd hi ddim angen dim byd gen i ar y dechra. Ond wrth i fi dyfu fyny dipyn bach yn y Tŷ, nath hi ddechra pwyso mwy arna fi, a dibynnu dipyn bach arna fi pan oedd ganddi hi hiraeth am adra a ballu.

Nath o lot o'i ffrindia hi fynd ar y dechra, ond o'n i'n ffrindia go lew efo pawb. Dwi'm yn meddwl fysa ni 'di gneud gymaint efo'n gilydd onibai bod ni'n Gymraeg . . . sgenno ni'm lot yn gyffredin rîli, a dan ni'n byw bywyda gwahanol iawn. Ond os ti'n Gymraeg mae gen ti'r agosatrwydd yna, yr undod yna. Ac mae hi'n hoga⟨r⟩ rîli neis, ac o'n i'n dod mlaen efo hi'n dda yn y Tŷ.

Roedd y ffaith bod hi yn y Tŷ 'di gneud hi lot haws i fi neud rwbath dros yr iaith. Roedd cael rhywun yna i siarad Cymraeg efo nhw, nes i byth feddwl y bydda hynny'n digwydd. O'n i isho dangos bod yr iaith Gymraeg yn iaith fyw, a pha well ffordd i neud hynny na thrwy ei siarad hi efo rhywun fel Imogen. Dyna'r peth pwysicaf nath ddigwydd ar Big Brother llynedd, dangos bod yr iaith Gymraeg yn iaith fyw rhwng pobol ifanc o wahanol gefndiroedd – fi o gefn gwlad y gogledd a hitha o dref Llanelli.

Ac mae'r Housemates erill wedi dysgu dipyn bach o Gymraeg hefyd. Pan maen nhw'n tecstio fi maen nhw bob tro yn gorffen y neges efo 'north star' – gymrodd o oes i fi ddallt mai 'nos da' roeddan nhw'n ei feddwl!

Y Cymro

BIG BROTHER BANS WELSH

By ROLAND HUGHES and ERYL CRUMP

Fury after N.Wales schoolboy told not to speak his own language on show

BIG Brother was in bother last night after a North Wales house-mate was banned from speaking Welsh.

Student Glyn Wise ditched his A-levels to appear on the cult Channel 4 show.

But the 18-year-old was told off for talking in his native tongue to fellow contestant and former Miss Wales Imogen Thomas.

Glyn Wise

HE DITCHED A-LEVELS IN SEARCH OF FAME

FULL STORY ON P5

> "Roedd cael Imogen yn holl bwysig i fi ar lefel bersonol hefyd. Does na ddim lot o Saesneg yn Blaena, ac o'n i'n cael trafferth cyfathrebu ar y dechra, ac roedd cael hi yna yn gymaint o help."

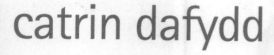

catrin dafydd

Brawd Mawr a'r Gymraeg

Golwg

Gwae fi! Dw i wedi dechrau gwylio Big Brother. Unwaith i chi ddechrau, mae'n amen arnoch chi.

Dw i am wneud esgusodion nawr... mi

gael clywed y Gymraeg ar raglenni sy'n cael eu darlledu ledled gwledydd Prydain.

Y co' gorau sydd gen i o hyn ydi pan ddaru Gruff Rhys siarad yn Gymraeg ar raglen Big

Cŵl Cymraeg?

Davina McCall 'How hard was it for you to find the English words in the beginning?'
Glyn Wise 'I just got used to it!'
Davina McCall 'Has Big Brother changed your opinion of the outside world?'
Glyn Wise 'I wanted everything to be Welsh, and stay in Wales, and do everything Welsh, but now I want to see the world, and different people . . .'

Gwneud yr iaith Gymraeg yn boblogaidd a pherthnasol i bobol ifanc oedd un o'r petha o'n i isho'i gyflawni wrth fynd ar Big Brother, achos mae gan yr iaith ddelwedd mor sych ymhlith pobol oed fi. Iaith addysg ydi hi i lot o bobol, yn lle rwbath y medri di gael hwyl efo hi.

Dwi'm yn meddwl bod gwersi Cymraeg yn yr ysgol yn help chwaith a deud y gwir, achos maen nhw'n ei gneud hi i fod yr iaith mwya boring yn y byd, achos mae'r llyfra gosod i gyd yn sôn am fynd i'r chwarel, a bod yn dlawd, rhyfel byd a ballu, ond pan ti'n darllen petha fatha *Llinyn Trôns* gan Bethan Gwanas, ti'n rîli gallu mynd mewn i hwnna ac enjoio fo. Mae o'n rwbath dwi'n ddeall dydi, a llyfr Dewi Prysor a hyd yn oed stwff Mihangel Morgan . . . Ond mae'r cwricwlwm Cymraeg yn warth ar y cyfan dwi'n meddwl,

achos ti'n cael dy arholi ar betha hollol boring ac amherthnasol, a mae o'n gneud iti feddwl bod yr iaith Gymraeg yn boring ac amherthnasol, a dydi hi ddim.

Fyswn i'n licio gweld nhw'n gneud y Gymraeg yn fwy cŵl mewn ysgolion, a rhoi llyfra fatha un Dewi Prysor ar y cwricwlwm, a chael egsam am hwnnw yn lle un am *Cysgod y Cryman*. Dwi'n gwbod bod rhaid dysgu am betha gwahanol, a diwylliant traddodiadol a ballu, ond mae'r pwyslais i gyd ar betha felly yn lle dod â llyfra mwy modern i mewn. Dwi'n gwbod yn Lloegr maen nhw'n goro gneud Shakespeare, ond o leia ma Shakespeare yn gneud iti chwerthin! Mae gymaint o lyfrau Cymraeg yn morbid a depresing . . .

> "Gwneud yr iaith Gymraeg yn boblogaidd a pherthnasol i bobol ifanc oedd un o'r petha o'n i isho'i gyflawni wrth fynd ar Big Brother"

LAFAR BRO

IEUANC A HEN DDARLLENO O LEUFER BRWD 'LAFAR BRO'

30c

YNG NGHROMBIL TŶ'R 'BRAWD MAWR' ...

Erin Maddocks yn trafod profiadau ei ffrind, Glyn Wise – y Cymro ifanc twymgalon o'r Blaenau

'Brace yourselves ... for Glyn!' Dyna oedd geiriau Davina McCall wrth i Glyn neidio allan o'r car yn ei shorts coch a cherdded i mewn i'r tŷ enwocaf ym Mhrydain - tŷ 'Big Brother'.

Dyna seithfed cyfres 'Big Brother' – rhaglen boblogaidd iawn sy'n cael ei chynnal bob haf. Ynddi, gwelwn nifer o gystadleuwyr yn byw efo'i gilydd, heb gysylltiad o gwbl â'r byd y tu allan, a phob wythnos, caiff un ei anfon o'r tŷ. Bydd yr un fydd ar ôl yno ar y diwedd yn derbyn gwobr o gan mil o bunnoedd.

Ar gyfer y gyfres hon, derbyniwyd 25,000 o geisiadau – y nifer mwyaf hyd yn hyn.

Bu Glyn yn llwyddiannus iawn yn ei ymdrechion wrth fynd o un cyfweliad i'r llall. Ar un adeg, daeth un o gynhyrchwyr y sioe yma i'r Blaenau, gan gogio bach bod yn gefnder i Glyn – a hynny i dasgu sefo ni, ei ffrindiau, a gwrando ar ein straeon amdano.

Bythefnos cyn i'r rhaglen gychwyn, dywedodd Glyn wrthym ei fod wedi cael lle yn y tŷ, ac yn syth ar ôl ...

Mae Glyn yn ddiddanwr, a phob amser yn gwneud i ni chwerthin. Gyda'i straeon a'i ganu, amlygir yr och yma i'w gymeriad yn y tŷ.

Bu'r wythnos gynta'n un ddiddorol i ni – ei ffrindiau agosaf. Rydym wedi bod yn ymgychu i geisio'i gadw'n y tŷ, a hynny drwy siarad gyda'r amrywiol bapurau newydd a'r radio. Aeth Idris Williams a Ben Hamer i Lundain gyda Annette, chwaer Glyn, i siarad ar un o raglenni 'Big Brother', tra'r aeth y gweddill ohonom ar raglen 'Uned 5' (S4C) – er mwyn ceisio perswadio Cymry Cymraeg i bleidleisio iddo.

Rydym yn falch iawn o Glyn ac yn ei gefnog'n llwyr. Gobeithiwn y bydd pawb o drigolion yr ardal yn ei gefnogi hefyd.

Hyderwn yn fawr y bydd gennym fwy o newyddion i chwi'r mis nesaf. Tan hynny – daliwch i bleidleisio!

Cyfeillion agosaf Glyn yn gwisgo'r crysau-T a arграffwyd yn arbennig i nodi achlysur ei ymddangos ar 'Big Brother'. Erin - awdur yr erthygl yma yw'r un ar y dde'n y rhes flaen. (Llun - Maldwyn Williams)

Gneud addysg Gymraeg fwy at ddant y bobol ifanc sy'n goro dysgu amdano fo, dyna sy angen gwneud, yn hytrach na gneud o i'r bobol sy'n dysgu fo iddyn nhw, pobol sy'n mynd i'r capel, sydd ar eu pensiwn . . . dyna be 'di delwedd y Gymraeg rŵan.

Cymra di rhywun fel Geraint Jones, y boi 'na oedd yn arfer bod yn golofnydd i'r *Cymro*, nath slagio fi off ar y teledu am fynd ar Big Brother, a deud 'mod i'n dwyn gwarth ar Gymru a'r iaith – a nath o ddeud y bysa genno fo gwilydd taswn i'n fab iddo fo! Be 'di problem y dyn? Be 'dio'm yn ddallt ydi mai dyfodol yr iaith ydi pobol ifanc, ac i gael pobol ifanc i ddarllen mae'n rhaid iti sgwennu iddyn nhw. Fedrai'm meddwl am neb ifanc sy'n darllen *Y Cymro*, ac iddo fo ddeud na ddylai Big Brother fod ar S4C, mae rhaglen fel'na yn mynd i ddenu pobol sydd ddim fel arfer yn gwylio S4C i fod isho'i wylio fo.

Be ma pobol fel hyn yn ei neud ydi cadw'r Gymraeg i bobol hen, ond be sy'n mynd i ddigwydd pan mae'r genhedlaeth yna'n marw? Fydd neb isho gwylio S4C, fydd neb isho darllen llyfra Cymraeg, a dydyn nhw ddim yn medru cyfadda eu bod nhw'n anghywir dwi'm yn meddwl. A ma angen i rywun ddeud wrthyn nhw!

A ma 'na betha yn *Golwg* 'di gneud fi'n flin – roedd 'na lythyr yn deud 'mod i 'di cael gwahoddiad i neud rhyw daith gerdded i rywun, a bo fi heb ddod nôl atyn nhw a bo fi 'di anghofio ngwreiddia a ddim isho bod yn Gymro ddim mwy, ond be 'di pobol ddim yn ddalt 'di na fedra'i fod yn yn bob man ar yr un pryd, ac ella bod genna'i waith arall i'w wneud ar y diwrnod hwnnw . . . A'r tro 'na nes i fynd i siarad efo Dafydd Iwan a pobol eraill o Blaid Cymru, a wedyn dyma Rhodri Morgan – nath ddeud yr holl betha neis amdana'i yn syth ar ôl Big Brother – dyma fo yn deud, 'Glyn is devisive' a ballu, jyst achos 'mod i 'di ochri efo Plaid Cymru, a fo yn Llafur . . .

Dwi'n teimlo weithia 'mod i 'di cael mwy o betha negyddol gan y wasg yng Nghymru na ges i gan y papura yn Llundain, sydd yn beth trist iawn . . . achos ar ddiwedd y dydd, i'r Cymry

> "ar ddiwedd y dydd, i'r Cymry nes i neud hyn, i drio mynd â'r iaith ymlaen i lefydd newydd, a gneud yr iaith yn cŵl, a trio annog pobol ifanc i siarad Cymraeg . . ."

nes i neud hyn, i drio mynd â'r iaith ymlaen i lefydd newydd, a gneud yr iaith yn cŵl, a trio annog pobol ifanc i siarad Cymraeg . . . a wedyn ti'n cael pobol yn deud petha negyddol amdana chdi, a mae o'n gneud dy ben i mewn ar ddiwedd y dydd.

Mae o jyst yn dangos cenfigen dwi'n meddwl . . .

Golwg

Gwefan i Glyn yn Gymraeg

Mae trefnydd gwefan newydd am Glyn Wise, y Cymro ar gyfres bry-ar-y-wal **Big Brother**, wrth ei bodd fod cymaint o blant a phobol ifanc yn gadael negeseuon o gefnogaeth – a hynny yn Gymraeg.

Yn ôl Gwawr Peet o Lanfaelog, Sir Fôn, mae angen safle Cymraeg i...

"O'n i'n falch iawn o weld Glyn ac Imogen (sy'n wreiddiol o Lanelli) yn mynd i'r Tŷ."

Ar ddechrau'r gyfres, doedd Glyn Wise ac Imogen Thomas ddim yn cael siarad Cymraeg gyda'i gilydd yn y Tŷ ond, yn dilyn protestio, fe gafodd cyfieithydd ei gyflogi i ddarparu is-deitlau pan ... â'i gilydd yn ...

...wr Peet, ..., yn derbyn ...ob dydd, ...ymraeg yn ...l eu gadael gan ... Caerdydd.

Mae'r wefan wedi derbyn bron i 32,000 o ymweliadau ers ei sefydlu.

"Mae'n lot gwell medru gadael neges yn Gymraeg," meddai Mabli Llŷn o'r Felinheli sy'n ymweld â'r wefan o leia' deirgwaith yr wythnos.

"Mae llawer o fy ffrindiau yn mynd i'r wefan. Rydan ni'n meddwl fod Glyn yn 'cŵl' iawn.

"Dwi wrth fy modd yn gwrando ar glipau o Glyn yn canu ar y wefan. Fy ffefryn ydi fo'n canu am goginio ŵy! Mae lot o bobl y rhoi hwn er eu ffôn symudol fel tôn canu!"

Glyn yn rhoi'r Gymraeg yn gyntaf

Yn ystod ei ymweliad â Phorthmadog, ymunodd angen i osod y 'Gymraeg yn gyntaf.'

NID yw Glyn Wise, yr arwr yn nhŷ y Brawd Mawr, yn darllen Y Cymro am ei fod yn rhy hen ffasiwn, medda fo, ac nid yw'n teimlo ei fod yn anelu at bobl ei oedran ef.

Ond nid y papur yma'n unig ...

rhywbeth allai ddin... thu ag o."

Eisiau cyfleu'r nege... Cymru fod y Gymr... cŵl" mae Glyn o... hefyd o'r farn bod... newid y cwriciwlwm...

Yr Herald Cymraeg

GWANAS

Mae'r bwlch rhwng yr hen a'r ifanc am dyfu

WEL dyna ddysgu gwers arall i mi. Y noson cyn i'r Herald ddisgyn drwy'r blwch llythyrau, mae blwmin Zinedine Zidane yn chwarae'n arbennig o dda a finnau newydd awgrymu yn y ngholofn fod ei ddiwedd wedi dod. Ro'n i'n hynod falch drosto fo cofiwch – a Ffrainc.

Roedd hi'n glincar o gêm yn erbyn Sbaen. Ond dwi'm yn mynd i feiddio sgwennu am bêl-droed eto, sticla at beithau ti'n gwybod amdanyn nhw, Bethan.

Felly dwi'n mynd i sgwennu am hereidddlio. A Big Brother.

Ro'n i, fel pawb arall dros 40 mae'n siwr, wedi gobeithio gallu osgoi gwylio helyntion llwyth o bobl od wedi eu cau mewn ty yr un mor od rhywle yn Llundain. Ond unwaith ddalltais i bod 'na Cymry yno, allwn i'm peidio a gwylio. A phan ddalltais i fod Glyn yn dod o Blaenau Ffestiniog...well-

Dwi wedi mwynhau ei wylio fo a'i gweddill yn arw, rhaid cyfadde. Nacdi, dydi gwylio'r rhaglen yn gwneud affliw o ddim i fy IQ i, ac oes, mae gen i beth wmbreth o bethau gwell i'w gwneud gyda'r nos, ond mae chwerthin yn dda i chi, ac mae'r criw yma'n gwneud i mi chwerthin nes dwi'n sål, felly maen nhw'n gwneud byd o les i mi - gan gofio mai dim ond ffordd o siarad ydi'r darn am chwerthin nes dwi'n sål wrth gwrs - rhag ofn bod rhai ohonoch chi'n darllen y pethau ma'n rhy lythrennol.

Mae'r Nikki fach boenus, gwynfanllyd 'na'n fy ngyrru'n hurt

Mae chwerthin yn dda i chi, ac mae'r criw yma'n gwneud i ...

dysgu llawer. "We just played around in class." Y? Am y pris yna? O ia, mae Dad yn berchen hanner Llnegr... Mi gafodd sioc ar ei linin ein bod ai'n griw mor gydwybodol – a nagoedd, doedd hi ddim yn yr un dosbarth â fi diolch yn fawr.

Ta waeth, roedd hi'n hen hogan iawn yn y bôn, ond roedd hi'n gwneud ei bun yn hynod amhoblogaidd efo'r merched eraill ar y cwrs, y merched dros 30 yn benodol.

Roedd hi'n meddwl ei bod hi'n bod yn glòn yn deud pethau fel: "You're 33?! God, but you look so much younger! Not a day over 26!" a "I can't believe you're 42! You really don't look that old..." Roedd Jennifer (42) bron a rhoi swaden iddi. Doedd y peth bach ddim yn sylweddoli ei bod hi'n gwneud iddyn nhw deimlo'n hynod, hynod o hen nagoedd? Nath hi mo 'mhechu i am na ddywedodd hi unrhyw beth tebyg wrtha i. Ydi hynna'n golygu mod i'n edrych yn 44? Neu fwy? Nes i'm meiddio gofyn.

Ond mae'n debyg bod 'na agendor go iawn yn mynd i godi rhwng y rhai hŷn a'r rhai iau mewn cymdeithas cyn bo hir. Dyma ddywedodd rhyw foi yn yr Observer yn ddiweddar: 'mae'r garfan o bobl ym berchen ar bedair rhan o bump o gyfoeth y wlad. Mae gwerth eu tai wedi codi i'r entrychion, ac mi fydd y rhan fwya'n mwynhau ymddeoliad hyfryd o gyfoethog. Ond y sawl sydd dan 25, dyw pethau ddim yn edrych cystal. Efo dyledion mawr yn sgil costau addysg bellach, mae'n anodd iawn iddyn nhw brynu tŷ, sy'n golygu y byddan nhw'n priodi'n hwyrach ac yn cael llai o blant. Wedyn y nifer

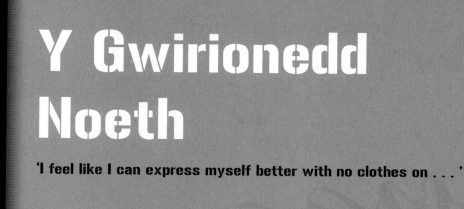

Y Gwirionedd Noeth

'I feel like I can express myself better with no clothes on . . .'

'Be ddechreuodd o i gyd oedd pan o'n i tua 14 oed a nes i fynd efo'n ffrindia i draeth noethlymunwyr Bermo, a gweld y merched 'ma efo brestia mawr yn y dŵr, a ma rhaid ma brestia smalio oeddan nhw, achos roeddan nhw'n bobian! So ddudish i wrth yr hogia, tyd nawn ni dynnu'n dillad am laff, ond roeddan nhw'n cau gneud, so nes i fynd mor agos a fedrwn i at y dŵr a tynnu'n shorts a rhedeg i'r dŵr yn gweiddi! Ond wedyn nes i ddechra troi'n shorts rownd a rownd uwch fy mhen, a nathon nhw ddisgyn, a dyma'n mêt i'n cymryd nhw a lluchio'n nhw'n rîli bell i fyny'r traeth! So roedd rhaid i fi redag i fyny'r traeth i nôl nhw doedd! Eniwe, mi nes i afal yn fy narnau, a rhedeg heibio'r hen foi 'ma a'r hen ddynas 'ma, ac roeddan nhw'n sbio'n rîli blin arna'i, yn rhedag heibio efo 'nhin blewog!

So dyna ddechreuodd o. Ond adra, llofft fi ydi'r un pella oddi wrth y bathrwm, so o'n i o hyd yn gorfod rhedag lawr y landin heibio pawb er mwyn cael fy nillad i ar ôl cael bath, wedyn dwi 'di arfer rîli! A dwi wastad wedi coelio bod y corff yn rwbath ddylat ti fod yn falch ohono fo . . . Dwi'n gwbod bod o'n swnio'n hen ffasiwn, ond dan ni gyd yn dod i'r byd yn noeth, wedyn be 'di'r big dîl?

Nes i strîcio rownd stafell y 6ed pan o'n i yn yr ysgol, a nath yr hogia ddwyn 'y nillad i, y bygars! A dwi'n cofio pan o'n i tua 7 oed, o'n i'n goro mynd i Kids Club Pwllheli ryw dro yn y gwylia, achos oedd Mam yn gweithio a chwiorydd fi yn y coleg, a tra o'n i'n nofio yn fan'na nath rywun ddwyn fy nhrowsus i, a nes i ypsetio yn ofnadwy! O'n i'n gorfod cerdded 'nol i Kids Club yn fy nhrôns, a coesa g'lyb, yn crio!

O'n i isho tynnu nillad ar gyfer yr auditions, achos dwi'n meddwl bod o'n dangos dy fod ti'n hapus efo chdi

> **Ma rhaid ma brestia smalio oeddan nhw, achos roeddan nhw'n bobian!**

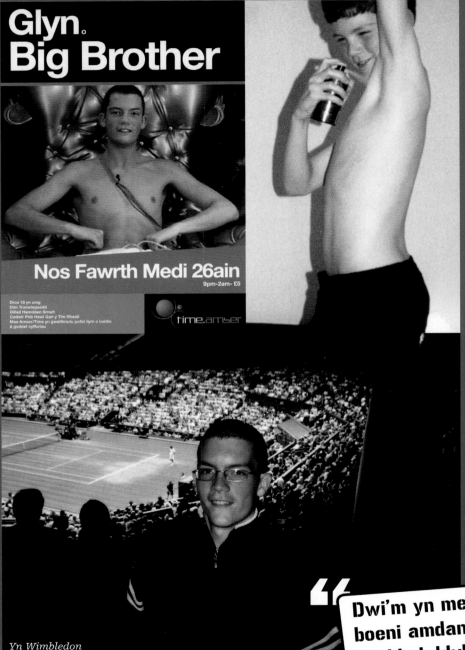

Glyn.
Big Brother

Nos Fawrth Medi 26ain

9pm-2am- £5

Dros 18 yn unig
Dim Tracwisgoedd
Dillad Hamdden Smart
Cedwir Pob Hawl Gan y Tîm Rheoli
Mae Amser/Time yn gweithredu polisi llym o beidio
â goddef cyffuriau

time.amser

Yn Wimbledon

dy hun os ti'n ddigon hapus i fod yn noeth, a bod gen ti ddim ofn. Dwi'm yn meddwl bod gen i ddim byd i boeni amdano fo efo nghorff, a dwi'n meddwl ddyla pawb fod yr un peth. Achos ar ddiwedd y dydd, chdi sy'n bwydo dy hun, chdi sy'n mynd am ymarfer corff, so os tisho'r corff gora fedri di gael, ma rhaid i chdi weithio i'w gael o.

Dwi wastad wedi cymryd cawod yn noeth ar ôl chwaraeon a petha, a pan o'n i ar Big Brother, o'n i'n meddwl, wel, ma Mam 'di gweld fi'n noeth eniwe, felly be 'di'r ots os 'di pawb arall yn y byd yn gweld hefyd? Ma genod erill 'di gweld eu brodyr, ma bechgyn erill efo'r un corff a fi eniwe, wedyn be 'di'r ots?

Ac eto pan o'ni'n fach, roedd genna'i un uchelgais fawr, sef strîcio yn Wimbledon! A dwi rioed wedi gwneud hynny! Ond mi nes i benderfynu trio'i neud o drwy Big Brother, felly o'n i jyst yn gwitshad am yr adeg iawn i neud o. A'r noson yna lle o'n i wedi meddwi, nath Pete jyst gafal yn fy nhywel i a'i dynnu o, ac o'n i'n meddwl, jyst gwna fo Glyn! Er mai dim ond unwaith rownd y pwll nathon nhw ddangos ar y rhaglen, o'n i wedi neud o tua deg gwaith! Mae gen i gwilydd rŵan braidd . . .

Ond yn y bôn dwi'n gneud o er mwyn cael sylw merched!

> " Dwi'm yn meddwl bod gen i ddim byd i boeni amdano fo efo nghorff, a dwi'n meddwl ddyla pawb fod yr un peth.

Ysgol Brofiad

'People used to throw rocks at me at school…I don't know why…'

'O'n i wastad isho bod y gora yn bob dim, o'n i'n ofnadwy o gystadleuol! Do'n i'm yn wych yn yr ysgol na dim byd felly, ond o'n i reit alluog, ac o'n i bob tro yn cael canlyniada da. O'n i'n goro bod y cynta yn mabolgampau, ac o'n i'n ennill lot o betha yn fan'na, a mae sefyll ar ben y podiwm a chael gwobr yn deimlad anhygoel. O'n i'n rîli gystadleuol, rhy gystadleuol rîli, ac yn gollwr sâl! Ond do'n i ddim yn dda mewn chwaraeon tîm chwaith . . . O'n i reit dda mewn singls a dybls badminton, ond ddim efo rygbi a ffwtbol.

O'n i'n cadw fy hun i fy hun yn yr ysgol. O'n i'm yn yr in crowd, o'n i fwy yn y canol, jyst normal rîli, ond pryd es i o Ysgol Maenofferen i Ysgol y Moelwyn, o'n i isho cael gwared ar y ddelwedd goody goody, a dwi'n cofio cael fy row gynta yn fform 1, a cael fy hel i sefyll yn y gornel – y cwbwl o'n i 'di neud oedd dylyfu gên yn y wers Ffrangeg!

Ddoish i allan o 'nghragen fwy yn yr ysgol uwchradd, ac o'n i'n cymysgu mwy efo pobol. O'n i dal yn rîli gystadleuol, achos o'n i reit dda efo athletau. O'n i'n gweithio'n galed i fod y gora ac ennill bob dim, ac eto o'n i'n diodda'n ddrwg efo deiaria achos fy nerfau i! So, o'n i'n colli lot o'n egni fi jyst cyn y ras, neu be bynnag o'n i'n neud, achos o'n i'n goro mynd i'r toilet! Ofnadwy 'de! O'n i'n neud yn hun yn sâl o'n i isho ennill gymaint! Roedd yr un peth yn digwydd yn Steddfod, o'n i'n goro mynd off i'r toilet jyst cyn mynd ar y llwyfan!

O'n i'n gneud dipyn efo'r steddfod – deuawda a ballu, efo Elizabeth, cariad fi ar y pryd – o'n i'n canu eitha lot cyn i'n llais i dorri. Ma llais y rhan fwya o bobol yn torri ar ddechrau eu harddegau, ond oedd un fi mond newydd neud pan es i fewn i Big Brother! O'n i'n neud reit dda yn y steddfod, mynd drwodd i'r sir a ballu . . . O'n i wastad isho bod yn enwog a bod o flaen pobol, ond o'n i wastad isho bod yn enwog am athletics yn fwy na dim, a dyna o'n i'n meddwl oedd yn mynd i ddigwydd i fi. Ond mae'n ddigon hawdd neud yn dda yng Ngwynedd, a wedyn o'n i'n mynd yn erbyn pobol gogledd Cymru ac oedd gen i ddim hôps!

Nes i fagu lot o hyder yn Ysgol y Moelwyn, achos pan ti yn yr ysgol gynradd – a dwi'm isho swnio fel pen bach yn deud hyn – ond mae plant o bob gallu yn cael eu cymysgu efo'i gilydd, ac o'n i reit alluog, ac yn ffrindia efo'r athrawon a ballu, a dydi hynny ddim yn gneud chdi'n cŵl nadi . . . So pan es i i ysgol uwchradd a cal fy rhoi mewn set efo plant o allu tebyg i fi, nes i neud lot mwy o ffrindia a

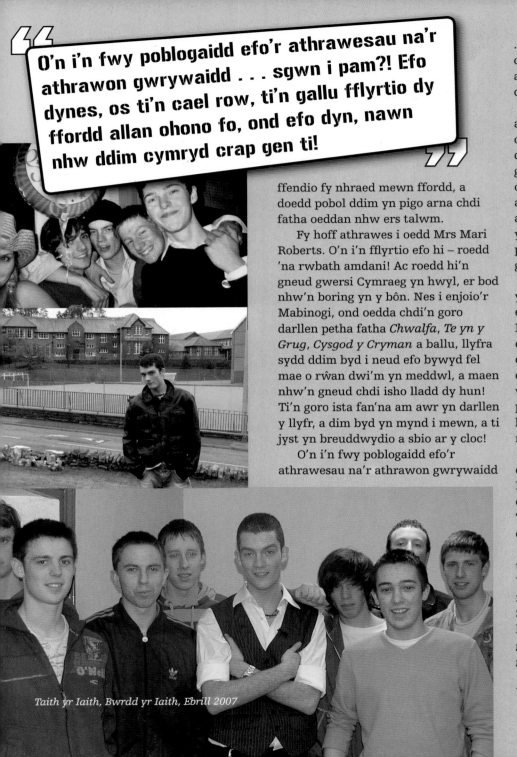

> **"O'n i'n fwy poblogaidd efo'r athrawesau na'r athrawon gwrywaidd . . . sgwn i pam?! Efo dynes, os ti'n cael row, ti'n gallu fflyrtio dy ffordd allan ohono fo, ond efo dyn, nawn nhw ddim cymryd crap gen ti!"**

ffendio fy nhraed mewn ffordd, a doedd pobol ddim yn pigo arna chdi fatha oeddan nhw ers talwm.

Fy hoff athrawes i oedd Mrs Mari Roberts. O'n i'n fflyrtio efo hi – roedd 'na rwbath amdani! Ac roedd hi'n gneud gwersi Cymraeg yn hwyl, er bod nhw'n boring yn y bôn. Nes i enjoio'r Mabinogi, ond oedda chdi'n goro darllen petha fatha *Chwalfa*, *Te yn y Grug*, *Cysgod y Cryman* a ballu, llyfra sydd ddim byd i neud efo bywyd fel mae o rŵan dwi'm yn meddwl, a maen nhw'n gneud chdi isho lladd dy hun! Ti'n goro ista fan'na am awr yn darllen y llyfr, a dim byd yn mynd i mewn, a ti jyst yn breuddwydio a sbio ar y cloc!

O'n i'n fwy poblogaidd efo'r athrawesau na'r athrawon gwrywaidd

Taith yr Iaith, Bwrdd yr Iaith, Ebrill 2007

. . . sgwn i pam?! Efo dynes, os ti'n cael row, ti'n gallu fflyrtio dy ffordd allan ohono fo, ond efo dyn, nawn nhw ddim cymryd crap gen ti!

Ddim jyst wrth neud chwaraeon ac athletau o'n i'n gystadleuol chwaith, o'n i'n goro cael A serennog yn bob dim, ac o'n i'n rîli pwshio'n hun yn galed. A dwi'n cofio gneud arholiad celf rhyw dro, a jyst fi a dwy hogan arall yn y stafell gelf yn gweithio, ac am bod ni ganol egsam, doeddat ti'm yn cael mynd i'r toilet, ac o'n i rîli isho pishiad, ac o'n i'n ama 'mod i'n mynd i gael deiaria am fy mod i mor nerfus!

Roedd bywyd wedi gwella i fi yn Ysgol y Moelwyn, a nath o wella eto i fi yn y 6ed dosbarth yn Ysgol Llanrwst. Ges i'm y dechra gora chwaith, achos roedd 'na hogyn efo clustdlysau yna, a ddudish i fod o'n edrach yn wirion, a ffendio allan wedyn mai fo oedd un o'r hogia mwya poblogaidd yn yr ysgol! So doedd hyn'na ddim yn beth doeth iawn i neud!

Hanes, Cymraeg, Saesneg a Celf oedd pynca lefel-A fi, ond nes i ollwng Hanes yn yr ail flwyddyn, achos doedd o ddim mor ddiddorol ag oedd o adeg TGAU, a lot o wleidyddiaeth a ballu yn dod i mewn iddo fo.

Roedd Ysgol y Moelwyn yn ysgol uniaith Gymraeg bron, ond roedd Ysgol Llanrwst yn ddwyieithog, ac roedd gen ti cliques Cymraeg a clique Saesneg, a dim lot o gymysgu. Ac am bod fi'n hogyn newydd, o'n i isho gneud ffrindia i'r fath raddau, o'n i'n gneud o'n anodd i fi'n hun rhywsut.

Ges i andros o amser da yn yr Ysgol Llanrwst, gneud ffrindia da,

...rindia sydd dal gen i rŵan. Ma mêts
...mewn band o'r enw Jenjeniro,
...o'n i arfer mynd efo nhw i weld
...hw'n perfformio, ac mae'n nhw'n
...li dda, ac yn cael ymateb grêt gan y
...ynulleidfa. Do'n i'm yn genfigennus
...honyn nhw mewn ffordd ddrwg,
...wy eiddigeddus amwni, ac isho bod
...na efo nhw, o flaen cynulleidfa. Ond
...n i'm yn ffansio'r ochr arall chwaith
...y cario offerynna o le i le – fyswn i
...st isho troi fyny i ganu! Felly dwi'n
...eddwl mai yn fan'na nath y busnas
...ho bod enwog ddechra go iawn.

...Ond hyd yn oed pan o'n i'n fach
...edd genna'i'r syniad 'ma am fod yn
...nwog, am fod yn rhywun . . . o'n i ofn
...yw bywyd normal mewn ffordd, sef
...ynd drwy ysgol, mynd i Brifysgol,
...endio cariad, priodi, cael gwaith, cael
...ant, marw. Roedd gen i ofn hynna,
...n normalrwydd.

...Hogyn reit gall o'n i yn y bôn, a
...es i'm dechra yfed go iawn tan o'n i
...na 16, a mynd dan y bont efo cania
...eddan ni. Dwi'n cofio – a 'di Mam
...lim hyd yn oed yn gwbod hyn! – y
...o cynta nes i yfed yna oedd hi'n rîli
...ywyll, a dyma rhywun yn deud bod
...' heddlu yn dod, a nes i ddychryn am
...mywyd, so nes i guddio'r pedwar
...n o Fosters oedd gen i, a jyst
...redeg i mewn i'r tywyllwch, a
...edyn mynd yn bang i mewn i
...yw bolyn a malu'n sbectol, a
...alu'n wyneb i, fy mhenglin i a
...ob dim! Roedd o'n hollol hileriys
...n i fi sylweddoli 'mod i'n methu
...rddad!

...Roedd fy mhenglin i 'di
...hwyddo gymaint oedd rhaid i un
...n ffrindia fi gario fi adra, a nes i

ddeud wrth Alison fy chwaer 'mod i 'di
yfed un can, a nath hi ddeud wrtha'i
am beidio deud wrth Mam! Gorish
i fynd i sbyty Blaena, wedyn Bron y
Garth, a wedyn Ysbyty Gwynedd yn
Bangor, ac roedd fy mhenglin i fel
ffwtbol, o'n i 'di gneud rwbath i'r
ligament ac odd o'n brifo fel diawl.

Ond o'n i'm yn gwbod be o'n i isho
gneud pan o'n i yn yr ysgol chwaith,
na gwbod am be o'n i isho bod yn
enwog. Ofn marw oedd gen i, a neb
yn gwbod 'mod i 'di bodoli . . . isho
gadal fy marc efo rwbath. A hyd yn
oed rŵan ar ôl dod yn enwog drwy
Big Brother, dwi dal ddim yn siŵr
be dwi isho gneud go iawn . . . fel'na
ydw i, dwi'n chwit chwat ac yn newid
fy meddwl i bob munud! Ond dwi'n
benderfynol o neud yn dda mewn
bywyd, dwi'n gwbod hynny. O'n i'r
ffan mwya erioed o Big Brother, o'n
i'n gwylio nhw'n mynd i mewn i'r Tŷ,
ac roeddan nhw fel celebrities i fi . . .
a dwi'n cofio gweddïo i Dduw iddo
fo'n helpu fi drwy'r auditions i gael
ar y rhaglen! A pob tro o'n i'n torri
wish-bone cyw iâr, o'n i wastad yn
dymuno cael mynd ar Big Brother! Nes
i drio mynd ar Cinio Caru hefyd, ond
doeddan nhw'm isho fi!'

Elizabeth a Glyn

"Ond hyd yn oed pan o'n i'n fach oedd genna'i'r syniad 'ma am fod yn enwog, am fod yn rhywun . . . o'n i ofn byw bywyd normal mewn ffordd, sef mynd drwy ysgol, mynd i Brifysgol, ffendio cariad, priodi, cael gwaith, cael plant, marw. Roedd gen i ofn hynna, ofn normalrwydd."

Glyn a Branwen

Sgwrs gydag Ifor Efans, Pennaeth Ysgol Dyffryn Conwy

'Ar y nos Iau honno, roeddwn i'n gwylio Byd ar Bedwar ar S4C pan ffoniodd Delyth, ysgrifenyddes yr ysgol, a gofyn pa sianel roeddwn i'n ei gwylio. Awgrymodd fy mod yn newid i Channel 4 – 'ond gofalwch eich bod chi'n eistedd i lawr pan dach chi'n gwneud,' meddai hi. Y peth cynta' welais i wrth newid y sianel oedd shorts coch y prif ddisgybl – a dyna'r cyntaf y gwyddwn i am y peth.

'Ar y dydd Gwener cynt, roedd Glyn wedi bod at Janet, Dirprwy a Phennaeth 6ed yr ysgol, ac wedi cyflwyno cais am gael mynd gyda'r teulu am wyliau ar y Cyfandir. Dyna'r unig adeg, meddai, y medrai'i dad – sy'n gweithio i Airbus – gael ei ryddhau a dyna'r cyfle olaf mae'n debyg a gâi i fynd am wyliau gyda'i rieni. Ac wrth gwrs, roedd yr ysgol wedi cytuno i'r cais hwnnw.

'O edrych yn ôl, ac o sgwrsio gyda'r staff, yr unig awgrym a gafwyd yma fod Glyn â'i feddwl ar gystadlu am le ar Big Brother oedd sgwrs a gafodd gyda Gwyneth, ysgrifenyddes Janet, sy'n gweithio ym mloc y 6ed yn yr ysgol. Byddai Glyn yn taro heibio i'w swyddfa am baned yn rheolaidd ac yn un o'r sgyrsiau hynny – tua mis Chwefror oedd hi – mi soniodd ei fod wedi cael llond bol ar bethau a'i fod awydd cynnig am le ar y rhaglen. 'Tria am le i minnau tra ti wrthi,' oedd ymateb Gwyneth!

'Ar ôl i'r stori dorri, roedd y cyhoeddusrwydd yn aruthrol wrth gwrs. Yn ystod yr wythnosau cyntaf, gwrthododd yr ysgol wneud unrhyw ddatganiad nac ymateb o gwbwl i gwestiynau'r wasg. Fel yr âi amser rhagddo, fodd bynnag, roeddwn yn tueddu i wneud cyfweliadau gyda'r wasg leol a Chymreig yn bennaf, yn dymuno'n dda i Glyn a mynegi bod brwdfrydedd mawr drosto yn yr ysgol. Mi gefais gynnig swm sylweddol o arian gan un papur tabloid pe cytunwn i ddweud rhywbeth enllibus amdano, ond mi wrthodais. Bu un digwyddiad anffodus ar dir yr ysgol hefyd – mi ddaeth merch o un o'r cylchgronau glosi yma a chynnig £4,000 mewn arian parod i rai o rebals stadau tai y dre ar yr amod eu bod yn dweud rhywbeth drwg am Glyn. Chwarae teg iddyn nhw, mi ddaeth yr hogia yn syth ata i – 'What shall we do, sir? It's not right, aye.' Mi fu raid i mi ddweud wrth y gohebydd ei bod yn tresmasu a dyna ddiwedd ar hynny. Mi glywais wedyn iddi fynd o gwmpas tafarnau Llanrwst ar yr un perwyl y noson honno, ond wrth gwrs doedd y rhai oeddan nhw'n siarad efo nhw ddim yn nabod yr hogyn ifanc o Stiniog.

'O ran rhieni a chyd-ddisgyblion, mi dderbyniais un llythyr gan rieni

> "'Chi ydi prifathro Glyn Wise? Dwi'n wyth deg oed ac wedi gwylio pob rhaglen. Mae e'n ardderchog – dylech chi fod yn browd iawn ohono.'"

Saesneg yn gofyn imi ddiarddel Glyn am ei fod 'yn dwyn anfri ar yr ysgol' ond ar wahân i hwnnw, chawsom ni ddim ond galwadau ffôn a llythyrau yn ei ganmol ac yn mynegi balchder ohono. Roedd cefnogaeth gref ymysg y disgyblion iddo – ond wnaeth hynny ddim effeithio'n weledol ar yr ysgol, doedd dim posteri na dim byd felly.

Mi gawsom ein beirniadu ar Byd y Bedwar o un cyfeiriad am gefnogi disgybl oedd, yn ôl y farn honno, yn rhan o'r fath rwtsh o raglen. Ond sefyll y tu ôl i Glyn fel Glyn roeddan ni, nid rhoi ein barn ar ansawdd y rhaglen ei hun. Ar ôl y rhaglen honno, daeth gwen wraig ataf ar Faes yr Eisteddfod a dweud 'Chi ydi prifathro Glyn Wise? Dwi'n wyth deg oed ac wedi gwylio pob rhaglen. Mae e'n ardderchog a dylech chi fod yn browd iawn ohono.'

Dwi'n meddwl inni gael cyhoeddusrwydd da fel ysgol – mi gysylltodd llond llaw o rieni â ni yn gofyn os caen nhw symud eu plant yma. Mae hynny wedi darfod bellach wrth reswm – dwi'n meddwl mai ymateb i ysgol a swyddogion yn sefyll tu ôl i un o'u disgyblion roeddan nhw.

'Taswn i'n siarad yn gyffredinol, mi faswn i'n deud bod deunaw oed yn oedran rhy ifanc i berson gael ei daflu i'r math yna o sylw a chyhoeddusrwydd. Mae Glyn yn berson gwahanol – ond nid yn yr ystyr o fod yn od. Mae'n hyderus yn ei allu ei hun – heb fod yn orhyderus ac i hynny fynd yn fwrn ar eraill.

Mae'r modd y cafodd ei wneud yn brif ddisgybl yn adlewyrchiad o'r math o gymeriad ydi o. Roedd 'na

fantais ei fod o wedi tyfu i fyny yn Ysgol y Moelwyn efallai. Erbyn iddo gyrraedd Ysgol Dyffryn Conwy, roedd ei gymeriad wedi cael amser i ffurfio ac aeddfedu. Daeth yr ysgol i'w nabod yn syth fel y 'boi gwahanol 'na o Stiniog'. Roedd o'n eithriadol o boblogaidd ac yn rhoi gwên ar wynebau y rhai o'i gwmpas ac o fewn dau dymor o ddod i'r ysgol am y tro cyntaf, mi gafodd ei ddewis yn brif fachgen gan ei gyd-ddisgyblion. Ac roedd y staff gant y cant y tu ôl i'r dewis hwnnw.

Yn ystod y flwyddyn honno – am y tro cyntaf yn hanes yr ysgol – roedd o a Branwen Chilton, y brif eneth – yn cynrychioli'r disgyblion ar lywodraethwyr yr ysgol. Mae'n dweud llawer am y ddau ohonyn nhw na wnaethon nhw golli'r un cyfarfod ac i'w cyfraniadau i bob trafodaeth gael eu gwerthfawrogi'n fawr gan y llywodraethwyr.

'Yn ystod wythnos gyntaf y rhaglen Big Brother, roeddwn i'n teimlo dros Glyn. Mae o wedi dweud wrthyf i wedyn ei fod o wedi casáu pob munud o'r cyfnod cyntaf. Doedd ganddo ddim profiad o'r math yna o fywyd ac roedd hynny'n boenus o amlwg. Ond fel y cafodd ei draed tano, mi wnaeth gyfraniad ardderchog, gan agor llygaid y rhai nad oedd ganddyn nhw ddim ond profiad o'r math yna o fywyd. Mi fu hi'n addysg dda iddo ar sut i gyflwyno ei hun a sut i gyfathrebu. Ac mi ddaliodd yn driw i'w egwyddorion a'r nodau mae o wedi rhoi iddo'i hun mewn bywyd.

'Mae o wedi bod yn yr ysgol droeon ar ôl dod 'allan' o'r rhaglen. Y tro diwethaf roedd o yma, annog

dosbarthiadau dysgwyr i ddefnyddio'r Gymraeg roedd o. Roedd 'na olwg wedi blino arno [Mawrth, 2007]. Roedd o wedi bod mewn deg ysgol arall ar y daith, cyn dod yma a doedd o ddim yn hapus efo'r ymateb – doedd fawr o neb yn holi'r cwestiynau arferol iddo ac ati. Wel, roedd y disgyblion yn ei nabod yn barod wrth gwrs. 'Dwi'n cael job bod yn fi fy hun yn fa'ma,' medde Glyn wrthyf i. Be'r oedd o'n ei feddwl dwi'n meddwl oedd ei fod o'n ei chael yn anodd i gyflwyno ei act arferol yma – hynny ydi, roedd angen iddo fod yn 'fo'i hun', y Glyn o dan y ddelwedd gyhoeddus, yma yn ei hen ysgol. Efallai nad ydi o eto wedi cyrraedd y pwynt yn ei yrfa lle mae yr hyn mae o'n gorfod ei wneud yn gorwedd yn esmwyth efo'i bersonoliaeth unigryw ei hun. Wrth ei longyfarch a dymuno'n dda iddo, mi wnes i fynegi mod i'n siomedig o un peth o'i berfformiadau ar C2 Radio Cymru. Ar y rhaglen honno, mae'n creu delwedd ohono'i hun fel boi twp. Tydi o ddim – o bell, bell ffordd.'

Duw Domestig?

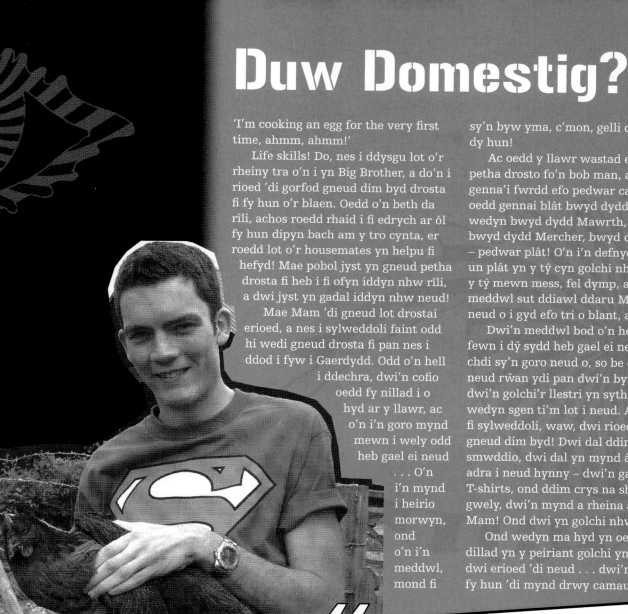

'I'm cooking an egg for the very first time, ahmm, ahmm!'

Life skills! Do, nes i ddysgu lot o'r rheiny tra o'n i yn Big Brother, a do'n i rioed 'di gorfod gneud dim byd drosta fi fy hun o'r blaen. Oedd o'n beth da rîli, achos roedd rhaid i fi edrych ar ôl fy hun dipyn bach am y tro cynta, er roedd lot o'r housemates yn helpu fi hefyd! Mae pobol jyst yn gneud petha drosta fi heb i fi ofyn iddyn nhw rîli, a dwi jyst yn gadal iddyn nhw neud!

Mae Mam 'di gneud lot drostai erioed, a nes i sylweddoli faint odd hi wedi gneud drosta fi pan nes i ddod i fyw i Gaerdydd. Odd o'n hell i ddechra, dwi'n cofio oedd fy nillad i o hyd ar y llawr, ac o'n i'n goro mynd mewn i wely odd heb gael ei neud . . . O'n i'n mynd i heirio morwyn, ond o'n i'n meddwl, mond fi sy'n byw yma, c'mon, gelli di neud o dy hun!

Ac oedd y llawr wastad efo petha drosto fo'n bob man, a mae genna'i fwrdd efo pedwar cadair, ac oedd gennai blât bwyd dydd Llun, wedyn bwyd dydd Mawrth, wedyn bwyd dydd Mercher, bwyd dydd Iau – pedwar plât! On i'n defnyddio bob un plât yn y tŷ cyn golchi nhw! Odd y tŷ mewn mess, fel dymp, ac o'n i'n meddwl sut ddiawl ddaru Mam fedru neud o i gyd efo tri o blant, a cal job!

Dwi'n meddwl bod o'n hell i ddod fewn i dŷ sydd heb gael ei neud, ond chdi sy'n goro neud o, so be dwi'n neud rŵan ydi pan dwi'n byta rwbath dwi'n golchi'r llestri yn syth bin, a wedyn sgen ti'm lot i neud. A ddaru fi sylweddoli, waw, dwi rioed 'di gneud dim byd! Dwi dal ddim yn gallu smwddio, dwi dal yn mynd â nillad adra i neud hynny – dwi'n gallu neud T-shirts, ond ddim crys na sheets gwely, dwi'n mynd a rheina adra at Mam! Ond dwi yn golchi nhw!

Ond wedyn ma hyd yn oed rhoi dillad yn y peiriant golchi yn rwbath dwi erioed 'di neud . . . dwi'n gweld fy hun 'di mynd drwy camau . . . o'n i

> **"O'n i'n mynd i heirio morwyn, ond o'n i'n meddwl, mond fi sy'n byw yma, c'mon, gelli di neud o dy hun!"**

Dylan, mab bedydd Glyn, (mab Alison)

'di bod yn blentyn yn rhy hir ella . . . o'n i'n ddeunaw oed ac o'n i angen aeddfedu . . . mae cal dy gar cynta yn gam tuag at aeddfedu dydi, o'n i'n gweld pobol erill yn gneud hynny ond o'n i dal ar ei hôl hi gan mod i 'di methu pasio fy nhest . . . ac o'n i'n dal i adal i bobol erill neud popeth i fi . . . a rŵan bo fi 'di mynd drwy'r cama na i gyd o fewn amser byr, mae'n wych be sy 'di digwydd, a dwi'n datblygu bob diwrnod.

Ella bod Mam 'di trio cadw fi'n ifanc dwi'n meddwl, am mai fi di'r ieuenga, ac o'n i ddigon hapus iddi neud, yn lle bo fi'n tyfu fyny . . . Fyswn i byth 'di tacluso fy llofft fy hun pan o'n i'n byw adra . . . a fysa Mam byth yn gofyn i fi neud rîli . . . fysa Dad yn, ond fyswn i'm yn cymryd

> **Fyddai yn chwarae fy rhan efo gwaith tŷ pan fyddai 'di priodi. Dwi'n meddwl bod na rwbath neis mewn cwcio i rhywun, a gneud iddyn nhw deimlo'n sbeshal, a 'swn i'n licio gneud hynny i ngwraig . . .**

sylw! Pan odd Dad yn flin o'n i'n gneud fel odd o'n gofyn, ond ma rhaid i fi neud i Dad wylltio cyn bo fi'n gneud fel mae o'n gofyn!

Dwi'n meddwl mod i 'di dysgu lot. Dwi'n dal i aeddfedu, ond dwi'n meddwl fyddai'n ŵr lot gwell i rywun erbyn hyn, fyswn i'n licio meddwl hynny eniwe. Dwi'n gwbod bod ysgaru yn digwydd, ond dwi'm yn meddwl neith o ddigwydd i fi . . . dwi'n gobeithio ddim eniwe . . . Ond dyna pam ddylat ti ffendio'r wraig iawn, yn lle jyst priodi rhywun rhywun. A dwi'm isho plant cyn priodas chwaith, er dwi'n deall bod mistêcs yn gallu digwydd hefyd . . . ond dwi reit hen ffasiwn efo petha fela . . .

Yn y byd dan ni ynddo rŵan mae dynion a merched yn gyfartal ymhob peth maen nhw'n gneud, so fyddai yn chwarae fy rhan efo gwaith tŷ pan fyddai 'di priodi. Dwi'n meddwl bod na rwbath neis mewn cwcio i rhywun a gneud iddyn nhw deimlo'n sbeshal, a 'swn i'n licio gneud hynny i ngwraig . . . Fyswn i reit domesticated a fyswn i'n llnau a ballu, a fyswn i ddim yn disgwyl i ngwraig neud bob dim!

Ond mae babis yn rwbath arall! Fyswn i'm yn newid clwt! Fyswn i'n gadal i'r babi ddrewi! Fyswn i siŵr o fod yn mynd â fo i tŷ Mam i gael ei newid! Be dwi 'di sylwi efo babi Alison fy chwaer ydi faint o waith ydi plant, a dwi'n gwbod am ferched yn yr un flwyddyn a fi ddaru gael babi pan oeddan nhw'n form 4, be 'di hynna, pedair-ar-ddeg, pymtheg oed? A ti'n meddwl waw, sut nes 'di hyn'na? Mae'n chwaer i'n naw ar hugain, a ma hi'n dal i gael trafferth weithia!

Cyfweliad gydag Ann Wise, mam Glyn

Roedd Glyn bob tro yn hogyn bach [d]a, ges i byth drafferth efo fo. Roedd ei [c]hwiorydd, Alison ac Annette, bob tro [y]n edrych ar ei ôl o, a bob tro yn ffraeo [t]ros pwy oedd yn cael edrych ar ei ôl [o], felly gath o lot o sylw pan oedd o'n [b]ach.

A wedyn pan dyfodd y genod, fi [o]edd efo fo y rhan fwyaf o'r amser gan [b]od ei dad o i ffwrdd yn gweithio, yn [c]hwara gêms efo fo, a gadal iddo fo [n]eud ei arlunio. Roedd o'n licio gemau [b]wrdd fel Monopoly a Scrabble, ac [r]oedd o'n ofnadwy o gystadleuol hyd [y]n oed yr adeg hynny! A doeddan ni [b]yth yn rhoi mewn iddo fo a gadael [i]ddo fo ennill chwaith, felly roedd o [b]ob tro isho'n curo ni! Ac roedd o wrth [e]i fodd yn arlunio, sy'n rwbath mae [o] wedi cario mlaen efo fo, ac wedi [g]wneud yn dda ynddo fo.

Roedd ei athrawon bob tro yn deud [w]rtha'i ei fod o'n hogyn clyfar, ac [r]oedd o'n dueddol o wneud yn dda yn [e]i arholiadau bob tro. Doeddwn i byth [y]n gorfod swnian arno fo i neud ei [w]aith cartra, a deud y gwir roedd na [a]degau lle roeddwn i'n trio perswadio [f]o i neud rwbath arall heblaw am ei [w]aith cartra, achos ro'n i'n teimlo fod [o]'n gneud gormod weithia . . . Ond [r]oedd o'n mwynhau'r ysgol, ac yn [m]wynhau gwneud ei waith cartra.

Nes i rioed freuddwydio y bydda fo'n gneud rwbath fel Big Brother chwaith! O'n i wastad yn ama y bydda fo'n gneud rwbath ohoni, ac yn gneud rwbath gwerth chweil yn y pen draw, gan bod pawb yn deud ei fod o'n hogyn clyfar, ond soniodd o erioed am fod isho bod ar y teledu, a doedd o rioed wedi trio mynd ar y teledu o'r blaen chwaith. Roedd o'n gneud ambell beth efo'r ysgol, ac yn adrodd a chanu deuawdau yn y Steddfod, ond doedd o byth yn ofnadwy am isho sylw chwaith. Dwi'n cofio fo'n mwynhau perfformio yn y capel, a bob tro yn hapus i gymryd rhan reit flaenllaw, ac yn mwynhau pobol yn ei ganmol o, ond i fynd o hynny i Big Brother . . . ges i dipyn o sioc!

Ann Wise, mam Glyn

Alison, Glyn, Annette, Dad a Mam

Y Dyfodol
Edrych yn ôl . . . Edrych ymlaen

Davina McCall 'Are you going to go to Uni?'
Glyn Wise 'Yes, I want to teach Welsh to people who come to live in Wales, so they can fit in more.'
Davina McCall 'You came close to winning, what would you have done with the money?'
Glyn Wise 'Give some to charity, enjoy myself, go to Uni and use it like that . . .'
Davina Mc Call 'You're going to have the time of your life!'

'Dwi'n licio'r bywyd sydd gen i ar hyn o bryd, mae gen i asiant, ma gen i acowntant, mae gen i bodyguard pan dwi'n gneud PA's, so dwi'm angen meddwl drosta fi fy hun. Ond ma rhaid i fi watshad 'mod i ddim yn mynd yn ddiog yn fy mhen! Mae o fel bod adra eto rîli, a Mam a Dad a chwiorydd fi'n gneud bob dim drosta'i!

Fyswn i yn licio gweithio o fewn y byd teledu am rywfaint o amser, dwi'n gwbod nai ddim mynd i brifysgol eleni, achos dwi'n gneud Radio Cymru yng Nghaerdydd, a fyswn i'n licio cario mlaen efo hynny. Fyswn i'n licio aros yng Nghymru a gweithio yn y byd Cymraeg . . . hybu'r iaith, gwneud mwy dros yr iaith . . . ond dwi'm yn gwbod sut i neud o ar hyn o bryd!

Ond rhywsut mae petha diddorol wastad yn troi fyny i fi . . . dwi'n ffendio'n hun yn y sefyllfaoedd gwallgo yma does neb arall byth ynddyn nhw . . . felly gawn ni weld! Dwi e'di bod yn andros o lwcus hyd yma.

Mae ngyrfa i fel model wedi dod i ben dwi'n meddwl! Dwi ddim 'di cael fy ngofyn i neud dim byd fel'na ers misoedd! Ond dwi'n meddwl mai jyst rwbath yn sgil Big Brother oedd hynny go iawn, a doedd o byth yn mynd i bara! Ond o leia fedra'i ddeud 'mod i wedi bod yn fodel am gyfnod, achos roedd hynna'n rwbath o'n i bob tro isho'i neud.

Ond dwi dal isho mynd i'r Brifysgol, hyd yn oed os na a'i leni na ella blwyddyn nesa hyd yn oed. Cymraeg neu addysg fyswn i'n gwneud, achos dwi isho dysgu pobol sut ma gneud petha. Erbyn pan fyddai tua deugain oed fyddai'n athro

> Fyswn i'n licio aros yng Nghymru a gweithio yn y byd Cymraeg . . . hybu'r iaith, gwneud mwy dros yr iaith . . . ond dwi'm yn gwbod sut i neud o ar hyn o bryd!

> **"Os ti'n hapus yn dy fywyd, yna ma dy fywyd di wedi bod yn werth ei fyw, ac os nad wyt ti'n hapus, mae'n rhaid i ti newid rwbath."**

Cymraeg mewn ysgol Gymraeg, dwi reit siŵr o hynny.

Dwi'm yn gweld y diwrnod yn dod pan fydd neb yn gwybod pwy ydw i . . . dwi'n gwbod bod enwogrwydd yn mynd o dipyn i beth, ond fyddai wastad yn Glyn o Big Brother, a fydd rhywun wastad yn cofio fi! Dwi'n dal i nabod pobol oedd ar y Big Brother cyntaf, ac o'n i'n 12 oed bryd hynny, a maen nhw'n deud bod nhw'n dal i gael pobol yn dod atyn nhw yn gofyn os oedden nhw ar Big Brother.

Ond fyswn i'n licio cael fy nabod am fy ngwaith ar Radio Cymru erbyn hyn. Mae Big Brother wedi bod, a gwaith radio dwi'n gwneud rŵan. Ond mae Big Brother yn ffenomenon mae pawb yn gwbod amdano fo, ac mae'r rhaglen bob tro yn ennill gwobrau Baftas ac ati, a dwi'n falch o fod wedi bod yn rhan o sioe mor fawr a mor boblogaidd. Dio'm ots faint o sioeau realaeth wnawn nhw, Big Brother ydi'r un gwreiddiol, y clasur!

Mewn deng mlynedd fyswn i'n licio bod yn briod ac efo plant, a dal yn hapus. Os ti'n hapus yn dy fywyd, yna ma dy fywyd di wedi bod yn werth ei fyw, ac os nad wyt ti'n hapus, mae'n rhaid i ti newid rwbath. Dwi'n meddwl mai dy waith ydi dy fywyd di, ac os nad wyt ti'n hapus yn dy waith ddylat ti neud rwbath arall, achos mae o mor bwysig mwynhau be ti'n neud. Ddim y pres sy'n bwysig – ocê, ma pres yn help – ond mwynhau dy waith ydi'r prif beth, a bod yn falch o'r gwaith wyt ti'n neud. Fatha Dad, mae o'n beiriannydd, ac mae o wrth ei fodd yn gweithio efo'i ddwylo a trwshio petha, a fysa fo byth isho gneud unrhyw beth arall.

A dwi'n edrych 'mlaen i gael lot o Glyn juniors! A fyswn i byth yn ysgaru chwaith . . . a fyswn i'n ŵr da!

Ond mi fydd hi'n beth od i weld y criw Big Brother newydd yn mynd i fewn, a dwi'n cofio trafod hyn efo Maxwell a Saskia a Makosi o'r gyfres cynt, ac roedden nhw'n casáu ni! 'Stealing our thunder' oeddan nhw'n ei weld o mewn ffordd. Es i lawr i Gaerdydd i weld y bobol yn ciwio ar gyfer y gyfres nesa, a ges i sgwrs efo ambell un, ac roeddan nhw i gyd isho bod 'The next Glyn' . . . Hogia 18 oed, mewn crysa Cymru . . . ac o'n i'n meddwl, be 'dach chi'n neud? Gewch chi byth eich dewis!

Fedri di weld rŵan pan nathon nhw ddewis criw ni . . . Dan ni reit wahanol rîli . . . a dwi'n sylwi fwy arna fi fy hun pan dwi allan mewn cwmni – pan fydd pawb arall yn sgwrsio'n gall neu bod yn siriys, dwi jyst yn chwerthin a bod yn wirion, ac yn disgyn drosodd gweiddi . . . dwi reit wirion fy ffordd. So allai weld pam nathon nhw ddewis fi!

Ac o'n i'n teimlo'n drist dipyn bach wrth weld pawb yn y ciw . . . rhai yn cael stamp a rhai ddim . . . o'n i jyst yn meddwl, dwi 'di gneud hynna i gyd! A pan nathon nhw weld bo fi yna, roeddan nhw'n gweiddi hwrê a deud petha rîli clên. A bu bron i fi grio a deud y gwir, roedd 'na rwbath emosiynol iawn am eu gweld nhw yna . . . A nes i jyst gweiddi, 'I've just come here to say good luck to everyone . . .

ac os dach chi'n siarad Cymraeg, pob lwc i chi!' A dyma fi'n dechra dawnsio fel rwbath gwirion!

Dwi'n gwbod bod o'n rong, ond mi nes i ddeud wrth gynhyrchwyr Big Brother, 'Don't put a Welsh one in there next year!' Ofnadwy 'de! Ac os wnawn nhw, mi neith y person yna ddwyn be sydd gen i . . . a mewn ffordd pan welis nhw i gyd yn ciwio yn eu dillad Cymru a ballu, o'n isho dymuno'n dda iddyn nhw, ond ar y llaw arall o'n isho rhoi slap iddyn nhw hefyd, achos maen nhw'n trio dwyn darn ohona fi mewn ffordd. Ac eto, mi fydda fo'n beth braf tasa Cymro Cymraeg arall yn mynd i mewn, wedyn mi allwn i rannu'r profiad efo fo, a gweld o yn y Tŷ a ballu . . .

Ac erbyn hyn dwi'n meddwl da iawn chi am drio, doswch amdano fo, a dwi'n rîli edrych mlaen i weld pwy eith mewn . . . sut rai fyddan nhw, ac os fyddai'n casáu rhai ohonyn nhw neu beidio! Achos mae o mor hawdd casáu rhywun, ond ti'm yn nabod nhw! A dwi 'di gweld hynna o'r ochr arall! Ond sgwn i os fyddai run peth, 'n bŵ-io pobol a cymryd yn eu herbyn nhw am ddim rheswm . . .

Es i mewn i Big Brother er mwyn

> **Dwi 'di magu lot o ddiddordeb mewn gwleidyddiaeth ers dod allan o'r Tŷ, a fyswn i'n licio hybu diddordeb pobol ifanc mewn gwleidyddiaeth**

Hefo Jonsi yn y clwb rygbi

bod yn rhan o raglen mor boblogaidd ac enwog, er mwyn cael hwyl ac er mwyn cael dipyn o enwogrwydd. Ma rhai pobol yn mynd mewn jyst er mwyn bod yn enwog, a dwi'n meddwl bod hynna'n rong . . . dylat ti fynd arno fo er mwyn y profiad yn gynta i gyd.

Fyswn i 'di gneud unrhywbeth yn wahanol . . . ? 'Swn i'n licio taswn i 'di gneud mwy o be dwi'n coelio ynddo fo . . . dwi'n falch nes i weiddi allan i'r Cymry Cymraeg ac i Gymdeithas yr Iaith ar y diwedd, ond 'swn i 'di licio taswn i 'di gallu deud mwy am bwysigrwydd siarad Cymraeg ac ati . . . ond wedyn ar y pryd mae petha'n digwydd mor gyflym ti'm yn cael y cyfle i feddwl yn strêt a chynllunio be ti'n mynd i ddeud.

Dwi 'di magu lot o ddiddordeb mewn gwleidyddiaeth ers dod allan o'r Tŷ, a fyswn i'n licio hybu diddordeb pobol ifanc mewn gwleidyddiaeth, a phwysigrwydd pleidleisio a chymryd rhan mewn gwleidyddiaeth, a dangos i bobol be 'di pwysigrwydd cyrff fel Bwrdd yr Iaith a Chymdeithas yr Iaith, a bod nhw mor allweddol. A fyswn i'n licio taswn i 'di cael cyfle i ddiolch i Mam a Dad . . . am fynd â fi i'r auditions yn y lle cynta, ac am bob help maen nhw wedi rhoi i fi wedyn . . .

Dwi'n meddwl nes i gwd job ar y cyfan, a fyswn i'm yn newid lot . . .

Imogen a Glyn (S4C)